Ivan Orban
Grenze und Wirklichkeit

Ivan Orban

# Grenze und Wirklichkeit

ontos
verlag

Frankfurt · London

**Bibliographic information published by Die Deutsche Bibliothek**
Die Deutsche Bibliothek lists this publication in the Deutsche Nationalbibliographie;
detailed bibliographic data is available in the Internet at http://dnb.ddb.de

©2003 ontos verlag
Postfach 61 05 16, D-60347 Frankfurt a.M.
Tel. ++(49) 69 40 894 151 Fax ++(49) 69 40 894 169
www.ontos-verlag.de

ISBN 3-937202-25-0 (Germany)
ISBN 1-904632-15-7 (U.K.; U.S.A.)

2003

Alle Texte, etwaige Grafiken, Layouts und alle sonstigen schöpferischen
Teile dieses Buches sind u.a. urheberrechtlich geschützt. Nachdruck, Speicherung,
Sendung und Vervielfältigung in jeder Form, insbesondere Kopieren, Digitalisieren, Smoothing,
Komprimierung, Konvertierung in andere Formate, Farbverfremdung sowie Bearbeitung
und Übertragung des Werkes oder von Teilen desselben in andere Medien und Speicher
sind ohne vorherige schriftliche Zustimmung des Verlages unzulässig
und werden verfolgt.

Gedruckt auf säurefreiem, alterungsbeständigem Papier,
hergestellt aus chlorfrei gebleichtem Zellstoff (TcF-Norm).

Printed in Germany.

# INHALT

**Einführung**

1. **Was sind Grenzen?**     7

2. **Grenze und Evolution**     15

    2.1   Grenze und Nichts     17
    2.2   Grenze und Energie     20
    2.3   Grenze und Elementarteilchen der Materie     24
    2.4   Grenze und Stoffe     29
    2.5   Grenze und Bausteine des Lebens     33
    2.6   Grenze und einfaches Leben     37
    2.7   Grenze und höheres Leben     42
    2.8   „Grenze der Grenzen"     47

3. **Die von der Natur gezogenen Grenzen des menschlichen Geistes**     51

    3.1   Endlichkeit der Zeit (der Tod)     52
    3.2   Vererbte biologische Merkmale     58
    3.3   Beständigkeit der Materie     67
    3.4   Weite des Raums     73
    3.5   Begrenztheit der Ressourcen der Erde     78
    3.6   Begrenztheit des „Ich"     84
    3.7   Begrenztheit menschlichen Erkennens     87

| | | |
|---|---|---|
| 4. | **Die vom menschlichen Geist selbst aufgestellten Grenzen** | **91** |
| | 4.1 Allgemeines über den menschlichen Geist und seine Beziehung zu Grenzen | 92 |
| | 4.2 Grenzen in der Religion | 97 |
| | 4.3 Grenzen in der Kunst | 106 |
| | 4.4 Grenzen in der Wissenschaft | 112 |
| | 4.5 Persönliche Grenzen des Individuums | 116 |
| | 4.6 Soziale Grenzen des Individuums | 121 |
| |     4.6.1 Urgesellschaft | 122 |
| |     4.6.2 Nomadengesellschaft | 123 |
| |     4.6.3 Agrargesellschaft | 124 |
| |     4.6.4 Industriegesellschaft | 126 |
| |     4.6.5 Informationsgesellschaft | 128 |
| 5. | **Schlussbetrachtung.** **Grenze und die heutige Krise der Menschheit** | **133** |

Ich widme dieses Buch in Liebe und Dankbarkeit
meiner Frau Marianne

# Dank

Ich möchte meinem Sohn Patrick Orban danken: er hat das Manuskript kritisch durchgelesen und mich auf vorhandene Fehler und Wiedersprüche aufmerksam gemacht. Gleichzeitig hat er mir zahlreiche Aenderungen und Ergänzungen vorgeschlagen die ich dankbar aufgegriffen habe. Für seine wertvollen Vorschläge, und für die Korrektur des Textes in sprachlicher Hinsicht, bin ich auch meinem Freund Hans Dieter Schell zu grossem Dank verpflichtet.

„...... G'tt schied zwischen dem Licht und der Finsternis.
G'tt rief dem Licht: Tag! Und der Finsternis rief er: Nacht!
Abend war und Morgen ward: Ein Tag."


(Moses I / 1:3-5; Übersetzung Martin Buber, Franz Rosenzweig)

# Einführung

Der eigentliche Grundgedanke dieses Buches ist bereits, durch das auf der vorherigen Seite stehende Zitat aus der Schöpfungsgeschichte der Bibel, vorweggenommen: Die Schöpfung begann mit der Trennung, mit der Ziehung von Grenzen! Ich bin der Ansicht, daß dieses Schöpfungsprinzip seine Gültigkeit vom Anfang der verflossenen 14 Milliarden Jahre, bewahrt hat – unsere Wirklichkeit entstand und besteht mit Hilfe von Grenzen. Man findet jederzeit und überall Grenzen in der Evolution. Sowohl die Welt der unbelebten Materie als auch die des Lebens und des Bewußtseins sind eng mit dem Vorhandensein von Grenzen verknüpft. Die Entwicklung des menschlichen Geistes, der uns direkt betreffende Teilabschnitt der Evolution, ist auch durch Grenzen bedingt.

Doch heute steht der menschliche Geist in einer Krise – vielleicht in der größten seiner Geschichte. Er wendet sich sowohl gegen die Grenzen der Natur als auch gegen die von ihm selbst gesetzten Grenzen. Er wendet sich gegen die Grundlagen seiner eigenen Existenz. Diese selbstzerstörerische Entwicklung ist im Grunde eine Krise der Grenzen. Die Lösung dieser Krise setzt voraus, daß wir der Bedeutung der Grenzen in der Schöpfung im allgemeinen und der Eigenart der einzelnen Grenzen im besonderen bewußt werden. Ich habe mich mit diesen Fragen auseinandergesetzt und das Ergebnis lege ich in dieser Arbeit vor.

Bei der Einteilung der mir als wichtig erscheinenden Grenzen stand ihr Verhältnis zum Menschen im Vordergrund. Ich unterschied zunächst zwischen Grenzen, die in der Evolution, unabhängig vom Menschen, bestehen und solchen, die mit dem Menschen zu tun haben. Innerhalb der zweiten Gruppe trennte ich die Grenzen wiederum auf in solche, die dem Menschen durch die Natur auferlegt wurden und auf solche, die er selbst gezogen hat. Anschließend habe ich die verschiedenen Grenzen charakterisiert und sie auf ihre Merkmale untersucht. Bei der Schlussfolgerung aus diesen Untersuchungen versuchte ich, die Beziehung der Grenzen zu der heutigen geistigen Krise der Menschheit zu analysieren. Daß ich dabei, angesichts der Vielschichtigkeit und Komplexität des Themas, die Fakten selektieren und vereinfachen mußte, war unvermeidlich. Meine Absicht war ohnehin nicht, ein umfassendes „Sachbuch" über die Grenzen zu schreiben. Was ich wollte, ist lediglich, aufzuzeigen, welche einzigartige Rolle Grenzen bei der Entstehung der Wirklichkeit spielen.

Basel, März 2003

# 1. Was sind Grenzen?

In der Alltagssprache hat das Wort „Grenze" mehrere Bedeutungen. Als *Oberflächen* der Objekte begegnen wir Grenzen ununterbrochen. Ebenfalls beinhaltet das Wort „*Rahmen*" eine Grenze, sei es konkret, als die Umrandung eines Bildes, oder im abstrakten Sinn, als die Randbedingungen eines Prozesses. Eine *trennende* Funktion hat sie zum Beispiel im Privat- und im Staatsrecht als Linie, welche zwischen zwei Grundstücken oder zwischen zwei aneinander stoßenden Staatsgebieten verläuft. Aber ebenso entstehen Grenzen durch Tiere, etwa wenn sie mit Hilfe von Duftmarken ihre Jagdgebiete abstecken. Grenzen können auch der *Verteidigung* dienen wie z.B. die „Chinesische Mauer" oder der von den Römern gegen die nördlichen Barbaren errichtete Grenzwall, der „Limes". Die „*limitierende*" Bedeutung der „Grenze" bezeichnet etwas, das nicht überschritten werden kann oder darf. Hier hat die „Grenze" meistens keine räumliche Bedeutung. Einige Beispiele: Im Zivil- und Strafrecht sind Grenzen der Handlungsfreiheit des Individuums in der Gesellschaft festgelegt. In der Mathematik ist eine Grenze (Limes) ein maximal erreichbarer Wert, dem die Glieder einer Zahlenreihe zustreben. Die Naturwissenschaften kennen viele Grenzen. Die bekannteste unter ihnen ist die Geschwindigkeitsgrenze von 299'792 Kilometer pro Sekunde, die Geschwindigkeit des Lichtes – die höchstmögliche Geschwindigkeit im Universum. In der Philosophie spricht man z.B. über die Grenzen der menschlichen Erkenntnisfähigkeit. In den siebziger Jahren plädierten Wissenschaftler in dem Buch „Die Grenzen des Wachstums" für ein neues ökologisches und globales Denken der Menschheit. Sie zeigten, daß die Ressourcen und die Regenerationsfähigkeit der Natur begrenzt sind. Ob Grenzen trennen, vor etwas schützen, behindern, einschränken oder festlegen, wir empfinden sie meist eher als etwas starres, zwingendes. Sie scheinen uns im Weg zu stehen, und wir akzeptieren sie nur als notwendiges Übel. Am liebsten aber möchten wir ohne Grenzen sein und die „grenzenlose Freiheit" genießen. Denn vor allem empfinden wir die Grenzen als negativ, weil sie, so scheint es uns zumindest, ohne das primäre Vorhandensein anderer Dinge, auf die sie sich beziehen, selbst nicht existieren würden. Ich werde in diesem Buch die gegenteilige Meinung über die Grenzen vertreten: Grenzen entstehen nicht nachträglich, als Folge der Wirklichkeit. Vielmehr sind sie Werkzeuge der Schöpfung beim Entstehen der Wirklichkeit. Der Begriff Wirklichkeit hat bereits die griechische Philosophie beschäftigt. Aristoteles hat gelehrt, daß Wirklichkeit die Verwirklichung einer im Seienden angelegten Möglichkeit oder Fähigkeit (eines Potentials) ist. Die Frage ist: Wodurch wird diese Verwandlung ermöglicht?

Meine These ist, daß es zum Übergang von der Möglichkeit zur Wirklichkeit stets der Ziehung einer Grenze bedarf:

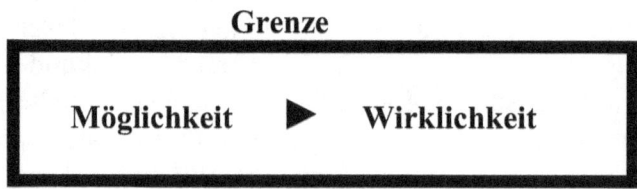

Ein anderer Ausdruck der Dreierbeziehung „Möglichkeit – Grenze – Wirklichkeit", ist das Verhältnis „Form – Inhalt", wo „Form" die Grenze, „Inhalt" der durch diese abgrenzte Teil der Möglichkeiten, und beide zusammen „Wirklichkeit" ergeben.

Wird aus einer Möglichkeit, dank einer Grenze, Wirklichkeit, dann muß diese Wirklichkeit auf die Umwelt wirken und von dieser wahrgenommen werden. Dazu ist notwendig, daß die neu entstandene Wirklichkeit in der Zeit Bestand hat und nicht sofort wieder zerfällt. Die Stabilisierung dieser neuen Wirklichkeit ist die zweite Aufgabe der Grenzen.
Grenzen erfüllen in der Evolution eine doppelte Aufgabe: Sie sind kreative Werkzeuge und bewirken, daß aus der Möglichkeit Wirklichkeit wird. Gleichzeitig sind sie aber auch konservierende Hilfsmittel und garantieren (auf eine bestimmte Zeitdauer) das Fortbestehen der entstandenen Wirklichkeit.

Die Grenzen unterstehen selbst der Evolution. Sie unterscheiden sich voneinander nicht nur in ihrer Form, sondern auch in ihrer Beschaffenheit: Sie können aus fester Materie aufgebaut oder abstrakt sein, scharf oder diffus verlaufen. Einerseits existieren Grenzen in der Natur völlig unabhängig vom Menschen, andererseits sind viele von ihnen Produkte des menschlichen Bewußtseins.

Angesichts dieser Vielfalt und Verschiedenheit der Grenzen stellt sich die Frage nach ihrer Existentialität. Sind sie Realität oder nur Schein, Wirklichkeit oder nur Einbildungen unseres Geistes? Bevor wir versuchen, auf diese Frage eine Antwort zu bekommen, sollten wir zwei wichtige Begriffe, „Realität" und „Wirklichkeit", klar definieren.

Beide gelten in der Alltagssprache als Synonym, obwohl zwischen ihnen ein wesentlicher Unterschied besteht:

„**Realität**" bezeichnet für mich die „objektive", absolute Form des Daseins. Hinter der Realität gibt es nichts mehr, was sozusagen „noch realer" als die Realität wäre.

**Die Wirklichkeit** hingegen halte ich nur für eine Entsprechung, eine mehr oder weniger getreue Abbildung der Realität, welche auf das menschliche Bewußtsein wirkt und von diesem als solche wahrgenommen wird[1].

In Bezug auf die Realität bzw. Wirklichkeit sind zwischen zwei Arten von Grenzen zu unterscheiden:

**Grenzen, welche durch die Evolution entstanden sind.**
Fast alle Grenzen in der Welt gehören hierhin. Diese Grenzen existieren in irgendeiner Form als Realität, unabhängig von uns Menschen. Wir wissen zum Beispiel, daß es Gebilde gibt, die wir als Atome bezeichnen. Wie die Grenzen der Atome in der Realität aussehen, wissen wir aber nicht. Wir haben über diese lediglich gewisse Vorstellungen, die mit dem von uns beobachteten Verhalten der Atome übereinstimmen. Diese Vorstellung wird hier bezeichnet als die *Wirklichkeit* atomarer Grenzen. Diese Wirklichkeit ist jedoch veränderlich. Vor zweihundert Jahren war diese Grenze in der Vorstellung der Wissenschaftler noch mit der Oberfläche einer Kugel vergleichbar, heute entspricht sie eher der unscharfen Oberfläche

---

[1] Was ich unter Wirklichkeit" verstehe, wird von Kant in seiner „Kritik der reinen Vernunft" als „Erschei nung" („Phainomena") genannt, während das was ich als „Realität" bezeichne, dem vom Kant geprägten Begriff „Ding an sich" („Noumena") entspricht.

einer Wolke, und sie wird in zweihundert Jahren, mit weiterem Fortschritt der Physik, für die Wissenschaft wiederum ganz anders aussehen. So nähert sich das, was wir unter der Wirklichkeit der Grenzen von Atomen verstehen, immer mehr der Realität an, wird aber mit dieser nie identisch. Das Gleiche gilt natürlich für alle Grenzen der Natur.

**Abstrakte Grenzen, die durch den menschlichen Geist entstanden sind.**
Solche Grenzen sind z.B. juristische Gesetze. Sie sind unsere Schöpfung und werden in den Gesetzbüchern, entsprechend unserer Absicht, eindeutig definiert und beschrieben – sie sind *Realität*. So lange die Gesellschaft an diesen Grenzen festhält, sind sie gleichzeitig auch Wirklichkeit. Sie existieren durch uns und wirken auf uns zurück. Hier sind Realität und Wirklichkeit ein und dasselbe. Es gibt allerdings auch veraltete Gesetze, die zwar de iure noch existieren, de facto aber nicht mehr angewandt werden. Hier ist die Grenze immer noch Realität (sie steht noch in den Gesetzbüchern), sie hat aber keine Auswirkung, sie ist nicht mehr Wirklichkeit.

Der menschliche Geist stellt natürlich nicht nur abstrakte Grenzen auf, sondern auch konkrete, handfest spürbare, wie z.B. eine Gefängnismauer. Diese Grenze ist als „abstrakte Idee" für uns eine Realität, weil wir ihr Wesen eindeutig kennen. Sie besteht aus der Aufgabe, den Gefangenen an Flucht und Kontakt mit der Außenwelt zu hindern. Wenn wir aber diese Grenze, unabhängig von ihrer Bestimmung, als ein aus Steinen bestehendes Objekt betrachten, dann können wir diese nur als Wirklichkeit und nicht als Realität (der Steine) erfassen.

Die von uns wahrgenommenen objektiven Grenzen der Natur bedeuten für uns stets die Wirklichkeit. Sie existieren, wirken auf uns und nehmen Bezug auf eine Realität, die wir nicht kennen. Bei Grenzen, die von uns selbst aufgestellt worden sind, verhält es sich umgekehrt. Hier sind die Grenzen primär die Realität unserer Schöpfung, die wir als solche kennen. Sie werden nachträglich Wirklichkeit.[2)]

Nach dieser allgemeinen Einführung wollen wir in den nächsten Kapiteln die verschiedenen Kategorien von Grenzen konkret betrachten.

---

[2)] Damit im Buch beim Gebrauch der Begriffe Realität und Wirklichkeit kein unnötiges Durcheinander entsteht, *werde ich im Allgemeinen stets den Ausdruck Wirklichkeit benutzen*. Denn über die *Realität* in der Natur, welche von uns unabhängig, in einer für uns unzugänglichen und unvorstellbaren Form existiert, wäre sinnlos zu sprechen. Andereseits sind die von uns selbst erschaffenen physikalischen und geistigen Dinge nicht nur Realität, sondern, in den meisten Fällen, gleichzeitig auch Wirklichkeit. Deshalb werde ich im Weiteren nur dort, wo es wesentlich ist, ausdrücklich zwischen Wirklichkeit und Realität unterscheiden.

## 2. „Grenze" und Evolution

Es gibt eine Unzahl von Grenzen in der Evolution. Sie alle aufzuzählen wäre ebenso ein unmögliches wie sinnloses Unterfangen. Dies habe ich auch nicht vor. Uns interessiert ja nicht ein „Inventar der Grenzen im Universum", sondern die Frage, ob sich die im Kapitel 1 aufgestellte Hypothese über die Rolle der Grenzen in der Evolution anhand von repräsentativen Beispielen erhärten lässt.

Bei der Kategorisierung der verschiedenen von der Evolution hervorgebrachten Grenzen habe ich diejenigen, welche mit dem menschlichen Geist in Zusammenhang stehen (auf diesen einwirken oder von diesem selbst aufgestellt wurden), aus zwei Gründen unberücksichtigt gelassen. Erstens ist der menschliche Geist, im Gegensatz zu den unbelebten und übrigen belebten Teile der Welt, kein fertiges Produkt der Evolution. Der Mensch wird wohl mit einer Anlage zum menschlichen Geist geboren, diese Anlage muß sich aber in den ersten Lebensjahren des Kleinkindes, mit Hilfe der menschlichen Umgebung, erst entfalten können. Wird eine solche Entfaltung, wie dies in einigen tragischen Fällen bekannt wurde (vgl. Kapitel 4.1), verhindert, bleibt der Mensch auf der Stufe der Kreatur stehen. Eine zweite Eigenart des menschlichen Geistes besteht darin, daß sein Wirken mit Grenzen verbunden ist, welche die materielle Wirklichkeit überschreiten und sich somit grundsätzlich von allen anderen Grenzen in der Evolution unterscheiden. Deshalb werde ich die Grenzen, welche mit dem Wirken des menschlichen Geistes verbunden sind, später separat besprechen.

**In diesem 2. Kapitel werden wir folgende Kategorien von „Grenzen" kennenlernen:**

1. „Grenze" und Nichts
2. „Grenze" und Energie
3. „Grenze" und Materie
4. „Grenze" und Stoff
5. „Grenze" und Bausteine des Lebens
6. „Grenze" und einfaches Leben
7. „Grenze" und höheres Leben
8. „Grenze" der Grenzen

## 2.1 „Grenze" und Nichts

Das bekannteste Buch der Menschheit ist die Bibel. Und der bekannteste Text der Bibel ist, neben den „Zehn Geboten", der erste Vers, in dem der Anfang der Schöpfung beschrieben wird:

„Im Anfang schuf Gott den Himmel und die Erde

Die Erde aber war Irrsal und Wirrsal.
Finsternis über Urwirbels Antlitz.
Braus Gottes schwingend über dem Antlitz der Wasser".

(Moses I / 1:1-2; Übersetzung M. Buber, F. Rosenzweig)

Aus diesem Text geht hervor, daß die Welt einen Anfang und einen Schöpfer hatte. Hingegen ist es nicht völlig klar, aus was Gott Himmel und Erde erschaffen hat. In der damaligen Zeit war es jedoch selbstverständlich, daß, wenn jegliche Angabe über den „Ausgangsstoff" der Schöpfung fehlte, dieser dann notwendigerweise aus dem absoluten Nichts (creatio ex nihilo) erfolgen mußte. Das andere Nichts, das „Vakuum" der Physik, welches sich vom ersten völlig unterscheidet (siehe Kapitel 2.3), wurde erst viel später entdeckt. Die aus jenem absoluten Nichts entstandene „Erde" (Materie) war in einem Zustand, den die Bibel als „Tohu wa-Bohu" bezeichnet (und von Buber und Rosenzweig in kreativer Weise als „Irrsal und Wirrsal" verdeutscht worden ist). Was primär erschaffen wurde, war also noch nicht die Wirklichkeit, d.h. Ordnung, sondern ihr Vorzustand, das Chaos. Das Chaos symbolisiert die Möglichkeit zur Erschaffung der Ordnung, der Wirklichkeit. Eine „*Grenze*", *welche zwischen dem Nichts und der Möglichkeit* steht, ist der Beschluss Gottes, aus dem Nichts die Welt entstehen zu lassen.

Nach dem gegenwärtig allgemein anerkannten Standardmodell der relativistischen Kosmologie fand der „Anfang" vor ca. 14 Milliarden Jahren, in Form einer unvorstellbar großen Explosion, dem „Urknall", statt. Die Physiker können den damaligen Zustand des Universums bis ganz kurz ($10^{-43}$ Sekunden) nach seinem „Anfang" errechnen [3]. Doch der absolute Anfang (die „Anfangssingularität") und natürlich alles, was „vorher" war, entziehen sich dem menschlichen Einblick.

---

[3] Die Zeit von $10^{-43}$ Sekunden nach dem Urknall ist die sog. Planck-Zeit (nach dem Physiker Max Planck). Innerhalb dieser (allerdings unvorstellbar kurzen) Zeit hatten die uns bekannten physikalischen Gesetze noch keine Gültigkeit: Sämtliche physikalischen Zustandsgrößen, wie Temperatur, Druck, Dichte u.s.w. des Universums, waren „damals" unendlich gross und somit physikalisch ohne Sinn.

**Zusammenfassung:**

Eine *"Grenze", welche zwischen dem Nichts und der Möglichkeit* steht, ist der Beschluss Gottes, aus dem Nichts die Welt entstehen zu lassen. Sie ist Ursache der Schöpfung und zugleich die Trennlinie zwischen dem Nichts und Etwas (Möglichkeit). Diese allererste Grenze ist jedoch dem Menschen nur durch den *Glauben (Religion)* und nicht durch die Naturwissenschaften zugänglich.

Bei der Physik beginnt der Anfang nicht wie bei der Religion, beim absoluten Nichts, sondern beim Chaos, d.h. bei der (ungeordneten) Energie. Die Frage in der Physik: „Und aus was ist die Energie entstanden?" ist nicht zulässig. So gesehen ist der „Urknall" kein absoluter Anfang, sondern der Horizont unseres Blicks in Richtung Anfang.

## 2.2 „Grenze" und Energie

Der „Baustoff", aus dem das gesamte Universum besteht, ist die Energie. Sie ist noch nicht die Wirklichkeit, sondern die Voraussetzung dafür. Die Energie ist die Ursache allen Geschehens und aller Veränderungen in der Welt. Sie ist die Möglichkeit, oder besser gesagt, das Potential. Denn Potential ist mehr als bloße Möglichkeit. Es ist die mit Fähigkeit behaftete Möglichkeit. Die Energie kann in verschiedenen Formen, wie z.B. als potentielle, kinetische, chemische, elektrische oder Wärmeenergie auftreten und in reale Arbeit überführt werden. Der andere Weg, um aus der Energie, aus der Möglichkeit, Wirklichkeit werden zu lassen, ist die Umwandlung der Energie in Elementarteilchen der Materie. Man kann deshalb auch sagen, daß die Elementarteilchen die „Wirklichkeitsform" der Energie sind.

Daß die Elementarteilchen als „Teilchen" eine Grenze haben, erscheint unseren vom Alltag her geprägten Vorstellungen über den Begriff „Teilchen" als selbstverständlich. In Wirklichkeit ist, wie wir es noch sehen werden, diese Grenze lange nicht so faßbar und klar umrissen, wie wir von einem „Teilchen" intuitiv erwarten würden. Ihre Umrisse sind in räumlicher und zeitlicher Beziehung unscharf -- sie lassen sich nicht festlegen. Dennoch können wir, im abstrakten und statistisch verstandenen Sinn, den Elementarteilchen gewisse „Grenzen" zuordnen (siehe Kapitel 2.3 ).

Völlig überraschend war dagegen, daß Max Planck vor hundert Jahren bei der Energieform „Wärmestrahlung" entdeckte, daß auch diese, wie die Materie, „Grenzen" hat und eine „körnige" Struktur aufweist. Der Gedanke, daß Energie nur in bestimmten Portionen (Energiequanten) ausgestrahlt und aufgenommen werden kann, war eine tiefgreifende Entdeckung, welche nicht nur die Physik, sondern unser Weltbild überhaupt veränderte. Einstein konnte später, mit Hilfe der Planck'schen Theorie, auch Probleme lösen, welche beim photoelektrischen Effekt (Aussendung von Elektronen aus Metallen unter Lichteinfluss) und bei der spezifischen Wärme von Festkörpern (bei tiefen Temperaturen) auftraten. Damit konnte er zeigen, daß sich die Teilchenform der Energie nicht nur bei der Wärmestrahlung, sondern auch in anderen Gebieten der Physik manifestiert. Energie wirkt also „portionsweise" oder, wie die Physiker es sagen, „gequantelt". Man kann Energie nicht beliebig verteilen oder zerkleinern. Sie besteht aus kleinen, begrenzten Energiemengen (Quanten) die man Photonen nennt. Photonen sind Teilchen ohne Masse, jedoch mit einem diskreten, bestimmten Energieinhalt [4].

Die Tatsache, daß bereits der „immateriellen Ursubstanz des Universums", der Energie, Grenzen gesetzt sind, zeigt die fundamentale Bedeutung der Grenzen in der Schöpfung. Wir werden im nächsten Kapitel sehen, daß nur deshalb, weil Energie aus Photonen besteht, Elementarteilchen aus Photonen (wenn sie energiereich genug sind) entstehen können. Und nur weil es Elementarteilchen gibt,

---

[4] Dieser Energieinhalt (W) lässt sich durch Multiplikation der „Planck'schen Konstante" ($h = 6.625 \times 10^{34}$ Joulesekunde) mit der Frequenz ($v$) der Strahlung (Anzahl Schwingungen in der Sekunde) berechnen: $W = h \times v$

existiert die Welt als Wirklichkeit und nicht lediglich als Möglichkeit.

Ich vermute sogar, daß eines der größten Wunder, nämlich daß sich die objektiv existierende Welt durch die Mathematik - reines Produkt des menschlichen Geistes – beschreiben lässt, mit der Begrenztheit und somit Zählbarkeit ihrer „Ursubstanz" Energie, zusammenhängt.

**Zusammenfassung:**

Energie ist kein grenzenloses Kontinuum, sondern ist durch Grenzen unterteilt. Die Energiemenge, die durch ein Photon transportiert wird, ist stets gleich oder ein Mehrfaches der Energie von $6.625 \times 10^{-34}$ Joule. Deshalb kann man die letztgenannte Energiemenge, die sog. *Planck'sche Konstante, auch als die Grenze der Energie* bezeichnen

## 2.3 „Grenze" und Elementarteilchen der Materie

Nach der Vorstellung des griechischen Philosophen Demokrit bestand die Materie aus winzigen Teilen, aus den Atomen. Die Atome Demokrits waren unzerstörbar und nicht ineinander überführbar. Plato hingegen brachte den Aufbau der Welt mit den Gesetzmäßigkeiten der Mathematik in Verbindung. Er benutzte die regulären Körper des Pythagoras als „Atom-Arten". Diese hat er dann als Bausteine den verschiedenen „Elementen" der Welt zugeordnet. So waren nach ihm das Element Erde aus Kuben, das Element Luft aus Oktaedern, das Element Feuer aus Tetraedern und das Element Wasser aus Ikosaedern aufgebaut. All diese regulären Körper hat Plato aus Dreiecken konstruiert. Somit waren für ihn diese kleinsten Teile der Materie nicht, wie bei Demokrit, unzerstörbare Bausteine, sondern gegenseitig ineinander umwandelbare mathematische Formen.

Die Vorstellung der modernen Physik über den Aufbau der Welt hat in gewisser Hinsicht Ähnlichkeit mit Platons Idee, auch wenn die dabei anzuwendende Mathematik wesentlich komplexer geworden ist. Die Elementarteilchen sind keine „harten" Stoffe, sondern mathematisch definierte Prozesse der Energie. Sie werden durch die Schrödinger'schen Wellengleichungen beschrieben. Dies sind komplizierte Integralgleichungen, deren Eigenlösungen den verschiedenen Elementarteilchen entsprechen. Die so definierten Elementarteilchen sind keine statischen, dreidimensionalen Objekte, sondern dynamische, vierdimensionale Gebilde in der Raumzeit. Es ist grundsätzlich unmöglich, die einzelnen Elementarteilchen vollständig zu beschreiben, d.h. ihren Aufenthaltsort und Impuls (Masse×Geschwindigkeit) gleichzeitig zu bestimmen. Je genauer die Angaben über eine der beiden Größen ist, umso unschärfer wird der andere Wert sein (Heisenberg'sche Unschärferelation).

Die Elementarteilchen können im leeren, materiefreien Raum, im Vakuum, für eine kurze Zeit spontan entstehen und wieder vergehen (fluktuieren). Den so aus dem Vakuum auftauchenden Teilchen fehlt aber die Masse, und deshalb können sie nicht in Erscheinung treten -- sie sind nicht real. Sie sind nur die Möglichkeit zur Wirklichkeit. Man bezeichnet sie deshalb auch als virtuelle Teilchen. Sie treten jeweils paarweise, als Materie/Antimaterie-Teilchen, auf. Ein solches Paar bilden zum Beispiel Elektron und Positron. Sie haben (im realen Zustand) die gleiche Masse, denselben Spin (Drehsinn) und die gleiche, jedoch entgegengesetzte, elektrische Ladung. Damit aus den virtuellen Teilchen reale Teilchen werden können, muß man dem Vakuum, gemäss der Einstein'schen Gleichung[5], der Masse des Teilchens entsprechende Energiemenge zuführen.

Die Physiker erzeugen diese Energie in Form von kinetischer Energie in riesigen Teilchenbeschleunigern. Der bekannteste ist CERN (Conseil Européen pour la Recherche Nucléaire), bei Genf.

Die Natur setzte beim Urknall, zur Bildung der Elementarteilchen, freilich ein anderes, wesentlich gewaltigeres Mit-

---

[5] Diese Gleichung: $E = m \times c^2$, besagt, dass die Ruhe-Energie (E) eines Teilchens proportional mit seiner Masse (m) und mit dem Quadrat der Lichtgeschwindigkeit ($c^2$) ist.

tel ein als die Physiker: Wärme. Wenn die Energie der elektromagnetischen Wärmestrahlung die Ruheenergie eines bis anhin im Vakuum lediglich virtuell existierenden Teilchenpaares erreicht, entsteht aus diesem ein reales (Masse besitzendes) Teilchenpaar. Die Ruheenergie eines Teilchens kann mit Hilfe der Boltzmann'schen Konstante direkt auf die Temperaturskala bezogen werden. Die Temperatur, bei der die Photonen der Wärmestrahlung ausreichende Energie besitzen, um aus einem virtuellen ein reales Teilchenpaar zu erzeugen, nennt man die Schwellentemperatur der betreffenden Teilchen[6]. So beträgt z.B. die Schwellentemperatur eines Elektron-/Positron-Paares $10^{10}$ (zehn Milliarden) Grad Kelvin [7].

Während der ersten Sekunden nach dem Urknall herrschten im damaligen Universum enorm hohe Temperaturen, die weit über der Schwellentemperatur der Elementarteilchen lagen. So konnten aus der elektromagnetischen Strahlung die Elementarteilchen der Materie: Elektron, Neutron und Quarks resp. ihre Antikörper Positron, Antineutron und Antiquarks entstehen. Aus den Quarks bildeten sich Sekunden später die ebenfalls zu den Elementarteilchen zählenden Protonen und Neutronen. Das Universum bestand in diesem Anfangszustand aus einer Mischung von Teilchen und Strahlung: Materie entstand aus

---

[6] Die Schwellentemperatur eines Teilchens (T) lässt sich berechnen, wenn man seine Masse (m) mit dem Quadrat der Lichtgeschwindigkeit ($c^2$) multipliziert und durch die Boltzmann'sche Konstante (K = 1,3806 × $10^{-23}$ Joule/Grad Kelvin) dividiert: T = m × $c^2$ / K

[7] Die Temperaturskala nach Kelvin ist um 273° gegenüber der Celsiusskala verschoben: 20°C = 293°K

der Strahlung und ging teilweise wieder in Strahlung über. Doch das Universum kühlte sich rasch ab. 14 Sekunden nach dem Anfang war die Temperatur bereits auf $3 \times 10^9$ K gesunken und unterschritt damit die Schwellentemperatur aller Elementarteilchen. Unterhalb der Schwellentemperatur konnten keine realen Teilchen mehr gebildet werden, andererseits sorgte die hohe Schwellentemperatur von $10^{10}$ Grad Kelvin (mehr als eine Million mal höher als die Temperatur der Sonnenoberfläche) dafür, daß die bereits vorhandenen Elementarteilchen, unter den im derzeitigen Universum herrschenden Temperaturen, absolut stabil blieben, so daß die Welt auf einem felsenfesten Fundament steht.

**Zusammenfassung:**

Man kann die virtuellen Teilchen, aus denen reale Teilchen entstehen können, als abstrakte „Gefäße" zur Aufnahme der Energie betrachten. Diese „Gefäße" haben, je nach Teilchentyp, ein unterschiedliches Volumen, welches als die eigentliche Grenze eines Elementarteilchen angesehen werden kann. Demnach wäre die Grenze der Materie schon vor ihrem Entstehen vorgegeben. Faktisch ist diese Grenze mit dem Energieinhalt des Elementarteilchens, d.h. mit seiner Schwellentemperatur, identisch. Oberhalb der Schwellentemperatur können Energie und Materie gegenseitig ineinander übergehen, darunter sind sie durch diese Grenzen voneinander getrennt.

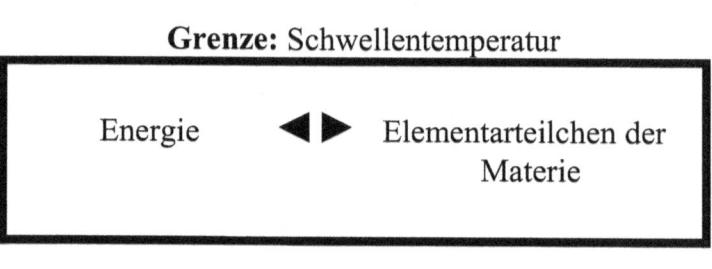

## 2.4 „Grenze" und Stoffe

„Stoffe" sind uns wohl vertraut. Wir begegnen ihnen überall. Unsere sinnlich wahrnehmbare Welt setzt sich aus verschiedenen Stoffen zusammen. Stoffe bestehen aus Atomen bzw. Verbunden von Atomen, die man Moleküle nennt. Uns interessiert nun die Frage, ob Grenzen auch hier eine so wichtige Rolle spielen wie bei der tieferen Ebene der Schöpfung. Doch bevor wir auf diese Frage eingehen, sollten wir innehalten, um den Aufbau der Atome und Moleküle näher kennenzulernen.

Die Atome bestehen aus einem Kern und einer Hülle. Die Atomhülle enthält die negativ geladenen Elektronen und der Atomkern die positiv geladenen Protonen und die neutralen Neutronen. Räumlich gesehen ist der Atomkern gegenüber der Atomhülle vernachlässigbar klein. Dennoch ist beinahe die gesamte Masse des Atoms hier konzentriert. Da das Atom elektrisch neutral ist, muß die Anzahl der in der Atomhülle befindlichen negativ geladenen Elektronen mit der Anzahl der im Kern vorhandenen positiv geladenen Protonen übereinstimmen. So hat zum Beispiel ein Wasserstoff-Atom ein Proton in seinem Kern und ein Elektron in seiner Hülle, während das viel größere Blei-Atom 82 Protonen und dementsprechend 82 Elektronen enthält.

Bei der Umwandlung von Atomen zu Stoffen sieht es im ersten Moment so aus als würde mit diesen gar nichts geschehen. Wenn z.B. aus dem Atom A und Atom B ein neuer Stoff, das Molekül A—B entsteht, bleibt die Gesamtzahl der beteiligten Elementarteilchen unverändert. Das Molekül A—B enthält genau so viele Protonen, Neut-

ronen und Elektronen wie die Atome A und B zusammen. Die neu aufgetretenen Stoffeigenschaften des Moleküls A—B haben demnach keine quantitative, sondern eine qualitative Ursache. Was sich bei Überführung von A und B zu A—B verändert hat, ist die Verteilung der Elektronen. Früher waren sämtliche Elektronen entweder in der Atomhülle von A oder von B gebunden. Jetzt umkreist ein Teil von ihnen im Molekül A—B beide Atomkerne. Diese zu beiden Atomkernen gehörenden Elektronen nennt man Bindungselektronen. Die Bindungselektronen (wie auch andere Elektronen) haben eine ganz bestimmte Energie. Nun kann man aber, gemäss der Heisenberg'schen Unschärferelation (siehe Kap. 2.3) die Energie und den Aufenthaltsort eines Elektrons nicht gleichzeitig bestimmen. Kennt man genau die Energie des Elektrons, dann kann man seinen Aufenthaltsort nur als Aufenthaltswahrscheinlichkeit in dem den Atomkern umgebenden Raum angeben. Einen solchen Raum nennt man ein *Atom-Orbital (AO)*. Der Energie-Inhalt eines Atom-Orbitals wird durch seine Größe, Gestalt, Orientierungsrichtung und durch die Drehrichtung des im AO vorhandenen Elektrons bestimmt. Der wahrscheinlichste Aufenthaltsort des Elektrons liegt irgendwo an der „Oberfläche", d.h. an der räumlichen Grenze des Orbitals (bei möglichst großer Entfernung vom Atomkern).
Die im vorherigen Beispiel erwähnte Entstehung des Moleküls A-B aus dem Atom A und B lässt sich demnach so beschreiben: Die Bindungsorbitale der Atome A und B „überlappen" sich und vereinen sich zu einem entsprechend deformierten, größeren sogenannten Molekular-Orbital (MO). Das neue MO hat gegenüber den AO's veränderte räumliche Grenzen, welche dem Umstand Rechnung tragen, daß die in ihm befindlichen Elektronen beide

Atomkerne umkreisen. Im Prinzip kann aber ein Elektron im Rahmen eines MO's nicht nur zu zwei, sondern zu mehreren Atomkernen gehören.

Nach diesem Exkurs über den Aufbau der Atome und Moleküle können wir zu unserer am Anfang gestellten Frage: „Welche Rolle spielen Grenzen bei der Welt der Stoffe?" zurückkehren. Wir haben gesehen, daß die „stofflichen" Eigenschaften durch die Verteilung der Elektronen in den Atomen und Molekülen bestimmt werden. Diese Verteilung wird durch die Form der Atom- und Molekular-Orbitale als Aufenthaltswahrscheinlichkeit wiedergegeben, wobei der wahrscheinlichste Aufenthaltsort des Elektrons die Oberfläche des betreffenden Orbitals ist.

**Zusammenfassung:**

Die Oberfläche der Atom- und Molekülorbitale ist die Grenze, deren Verlauf die Eigenschaften der Stoffe bestimmt. Es gibt unendlich viele Möglichkeiten für solche Grenzverläufe. Realisiert man eine von diesen Möglichkeiten durch eine chemische Reaktion, so entsteht, dank neuer Grenzen, eine neue Wirklichkeit – ein neuer Stoff.

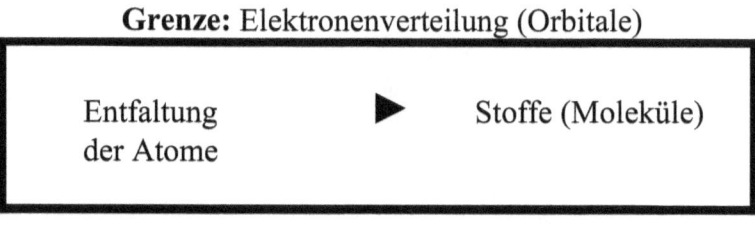

**Möglichkeit**            **Wirklichkeit**

## 2.5 „Grenze" und die Bausteine des Lebens

Die Bausteine des Lebens sind die Makromoleküle. Sie sind aus hunderten und tausenden von kleineren Molekülen aufgebaut. Solche Makromoleküle sind zum einen die Proteine. Sie entstehen durch das Zusammenketten von vielen kleinen Aminosäure-Molekülen. Proteine sind die Baustoffe der Zelle, die Träger der Zellstruktur. Zudem spielen sie in den Zellen bei der Katalyse von chemischen Vorgängen, bei der Erkennung von Molekülen und bei der Steuerung chemischer Prozesse eine wichtige Rolle.

Ein anderer in der Zelle wichtiger Makromolekül-Typus sind die Nukleinsäuren. Sie sind Träger der Erbinformation. Die Gene bzw. die aus diesen zusammengesetzten Chromosomen bestehen aus Desoxyribonukleinsäuren (DNS). Die Nukleinsäuren werden aus einer großgroßen Zahl von Nukleotiden als Untereinheit aufgebaut (letztere enthalten nebst Zucker- und Phosphat-Teilen jeweils eine der vier Basen: Adenin, Cytosin, Guanin und Thymin).

Jedes einzelne Molekül, aus dem die Riesenmoleküle aufgebaut sind, hat seine Grenzen. Die Grenzen dieser Moleküle haben Eigenschaften, die sich von den bereits früher besprochenen Eigenschaften der molekularen Grenzen durch nichts unterscheiden. Doch die aus den einzelnen Grenzen als Gesamtheit gebildete neue Grenze des Makromoleküls weist eine völlig neu aufgetauchte, emergente Eigenschaft auf.

Bei der neuen Grenze wird die räumliche Verteilung der unzähligen Atome und Moleküle (und nicht, wie bei den Grenzen der einzelnen Moleküle, die Verteilung der Elektronen) das Entscheidende sein. Es entstehen Grenzen mit speziellen sich gegenseitig ergänzenden (komplementären) Oberflächen.

Proteinketten können durch Drehung und Faltung stabile dreidimensionale Formen annehmen. Solche mit komplementären Grenzflächen (mit Vertiefungen resp. mit Ausbuchtungen) versehene Gebilde erkennen sich gegenseitig und bilden spontan noch größere Moleküle.

Ähnlich ist die Situation auch bei den Nukleinsäuren. Das DNS-Makromolekül ist eine Doppelspirale (Doppelhelix). Es besteht aus zwei (aus Nukleotiden zusammengesetzten) Strängen mit komplementären Grenzflächen, die wie ein Reißverschluss ineinander passen. Bei der Weitergabe der Erbinformation wird die DNS-Doppelhelix wieder aufgetrennt. Aus den so entstehenden beiden Einzelsträngen werden, wiederum durch komplementäre Ergänzung mit Nukleotiden, zwei neue Doppelhelices hergestellt.

Das gleiche Prinzip ist auch wirksam bei der Proteinsynthese in der Zelle. Die Proteinsynthese erfolgt in den in der Zelle verstreuten „Proteinfabriken", in den Ribosomen. Dort werden die insgesamt 20 verschiedenen Aminosäuren, aufgrund ihrer komplementären Grenzen, zu dem entsprechenden Grenzabschnitt einer Nukleinsäure, zu einer Protein-Kette zusammengefügt.

Auf unserer Entdeckungsreise zu den „Grenzen" haben wir bis jetzt den unbelebten Teil der Welt durchstreift. Es wurde uns dabei, wenn auch in ganz unterschiedlichen Formen, stets der gleiche Zusammenhang erkennbar: Grenzen sind Werkzeuge der Evolution. Durch sie wird aus dem in unbegrenzten Mengen vorhandenen „Rohstoff Möglichkeit" das Erzeugnis „Wirklichkeit" (vgl. Bem. 2) geformt.

**Zusammenfassung:**

Makromoleküle von Zellen besitzen zwei Fähigkeiten, welche die Grundvoraussetzung des Lebens sind: Sie können sich gegenseitig selektiv erkennen, und sie sind imstande, sich selbst zu reproduzieren. Diese beiden Eigenschaften haben sie ihren neuartigen, selektiven Grenzen zu verdanken.

**Grenze:** komplementäre Oberflächen

| Entfaltung der Moleküle | ▶ | Bausteine des Lebens (Makromoleküle) |

**Möglichkeit**                 **Wirklichkeit**

## 2.6 „Grenze" und einfaches Leben

Die Frage nach dem Ursprung des Lebens ist eine der ältesten Fragen der Menschheit. In der Antike und im Mittelalter galt hier die Urzeugungshypothese von Aristoteles, wonach Leben sich jederzeit und überall aus der unbelebten Materie entwickeln kann. Noch im 17. Jahrhundert veröffentlichte der damals berühmte Arzt van Helmont eine Methode zur Herstellung von Mäusen. Danach werden Weizen und verschwitzte Unterwäsche in einem offenen Gefäß stehen gelassen. Es bildet sich dabei ein „Ferment", welches bewirkt, daß nach 21 Tagen Mäuse beider Geschlechter entstehen[8]. Erst Pasteur 1864 hat definitiv die 2000 Jahre alte Urzeugungshypothese widerlegt. Fortan galt der Satz: „Omne vivum e vivo" („alles Leben stammt vom Leben"). Dieses Prinzip war aber nur unter den gegenwärtig auf der Erde herrschenden Bedingungen vertretbar -- auf die gesamte Erdgeschichte ausgedehnt war sie ein Paradox. Das hier bestehende Problem wurde auch durch die am Anfang des 20. Jahrhundert aufgestellte Panspermien-Hypothese von Sven Arrhenius nicht gelöst, sondern nur verschoben. Nach dieser wäre das Leben auf der Erde durch eingewanderte lebende Keime aus dem Weltall initiiert.

Heute ist die Ansicht bei den Naturwissenschaften unbestritten, daß das Leben auf der Erde vor ca. 3,5 Milliarden Jahren, unter den damaligen speziellen Umweltbedingungen, aus unbelebter Materie entstanden ist. Es gibt

---

[8] K.Dose, H.Rauchfuss: *Chemische Evolution und der Ursprung lebender Systeme*. Wissenschaftliche Verlagsgesellschaft, Stuttgart (1975).

zahlreiche Hypothesen und In-vitro-Experimente, die in biochemischer Hinsicht plausibel beschreiben, wie die wichtigsten Bauelemente des Lebens, Proteine, Nukleinsäure, Fette und Kohlenhydrate von der Natur damals aus einfachen Molekülen synthetisiert werden konnten. Das Problem besteht nur darin zu erklären, wie es zu dem geordneten, koordinierten Zusammenspiel zwischen den einzelnen unbelebten Molekülen und Makromolekülen kommen konnte, wie daraus plötzlich Leben entstand. Diese Frage lässt sich auch heute nicht, und vielleicht überhaupt nicht, endgültig beantworten. Soviel scheint aber sicher zu sein, daß zum Entstehen und zur Aufrechterhaltung eines solchen Zusammenspiels zwischen unbelebten Molekülen das Vorhandensein bestimmter Grenzen erforderlich waren. Diese lebensnotwendigen Grenzen heißen Membrane, oder genauer: „semipermeable" (halbdurchlässige) Membrane. Die Zellmembran ist aus Phospholipiden (phosphorhaltigen, fettartigen Substanzen) und aus Proteinen aufgebaut. Sie ist wasserdurchlässig, hält aber Ionen (elektrisch geladene Atome) und große Moleküle, wie Proteine, zurück[9]. Rezeptoren an der Oberfläche der Zellmembran erkennen externe Signalmoleküle anderer Zellen. Zudem dient (bei Mehrzellern) die spezifische Oberfläche der Membrane als „Identitätsausweis", welcher von den „Polizisten" des Immunsystems erkannt und akzeptiert wird.

Die Grenze „Zellmembran" sorgt also nicht nur dafür, daß die Zelle nicht wieder in ihre Bestandteile zerfällt, sondern

---

[9] Die Zellmembran besitzt jedoch spezielle Kanäle welche, den Zellen den Austausch von wichtigen größeren Molekülen (z.B. Glucose) und Ionen (Kalium-, Natriumionen) mit der Umwelt ermöglichen.

sie ermöglicht außerdem, daß die Zelle ihre Umgebung erkennen und sie selber von dieser erkannt werden kann – daß die Zelle Wirklichkeit wird.

Nach innen grenzt die Zellmembran an das Zellplasma[10]. Eukaryotische Zellen (Pilze, Pflanzen, Tiere) enthalten eine zweite Grenze, die Kernmembran, welche den Zellkern[11] vom Plasma trennt. Durch diese Membran können genetische Informationen (via Boten-RNS) zu den im Plasma befindlichen Ribosomen (den Orten der Proteinsynthese) gelangen. Im Gegensatz zu den eukaryotischen Zellen, haben die primitiven prokaryotischen Zellen (Bakterien, Blaualgen) keinen Zellkern und keine Zellmembran. Ihre Gene liegen in einem speziellen Bereich (Nukleoid) des Plasmas.

Wir können somit feststellen, daß die Entwicklung der höheren Lebewesen aus den Eukaryoten mit der Ziehung der Grenze Kernmembran und der damit verbundenen Bildung des Zellkerns in Zusammenhang steht.

Bis jetzt haben wir die Rolle der Grenzen beim Auftreten des Lebens vor Milliarden von Jahren betrachtet. Heute wird Leben, streng genommen, nur weitergegeben. Wir können deshalb in unserer Zeit korrekterweise nicht mehr

---

[10] Das Zellplasma enthält wichtige chemische Bausteine, wie Proteine, Lipide, Nukleinsäure, Wasser und Salze. Außerdem sind im Plasma weitere für das Funktionieren der Zelle wichtige spezielle Strukturen, wie z.B. die Ribosomen (Orte der Eiweißsynthese), vorhanden.

[11] Im Zellkern ist die Erbsubstanz plaziert. Sie besteht aus langkettigen Chromosomen, welche die Gene als Untereinheit enthalten. Die letzteren sind aus Desoxyribonukleinsäure (DNS) aufgebaut.

von der Zeugung eines neuen Lebens, sondern nur von der Zeugung eines neuen Lebewesens sprechen. Aber auch dabei erfüllt die Grenze „Zellmembran" eine sehr wichtige Aufgabe. Nehmen wir als Beispiel den menschlichen Geschlechtsakt. Bei der Befruchtung der menschlichen Eizelle gibt es zunächst mehr als zweihundert Millionen Möglichkeiten, nämlich die Anzahl der beteiligten männlichen Samenzellen. Sobald aber eine einzige von ihnen die Zellmembran der Eizelle passiert, wird die Zellmembran zu einer undurchdringlichen Grenze für die übrigen Millionen von Samenzellen und verhindert so eine „Spermien-Invasion" und dadurch die Zerstörung der soeben befruchteten Eizelle. Bei der darauffolgenden Zellteilung (Mitose) wird die Grenze Zellmembran ständig geteilt, d.h. neu gezogen.

Zwischen den Grenzen bei den der im vorhergehenden Kapitel besprochenen unbelebten Makromolekülen und jenen des einfachen Lebens bestehen keine grundsätzlichen Unterschiede. Das Leben selber wird aber im weiteren einen neuen Grenze-Typus hervorbringen, welcher sich von demjenigen, welcher das Leben hervorbrachte, völlig unterscheidet. Diese neuartige Grenze werden wir im nächsten Kapitel kennenlernen.

**Zusammenfassung:**

Die Zellmembran und Kernmembran bewirken als Grenzen, daß aus einer Unzahl von Möglichkeiten eine bestimmte Wirklichkeit (als neues Leben) entstehen kann. Ähnlich wie in der unbelebten Welt, werden Grenzen auch beim Entstehen des Lebens ihrer doppelten Aufgabe gerecht: Sie bewirken, daß aus der Möglichkeit Wirklichkeit wird, und sie sorgen dafür, daß diese Wirklichkeit fortbesteht.

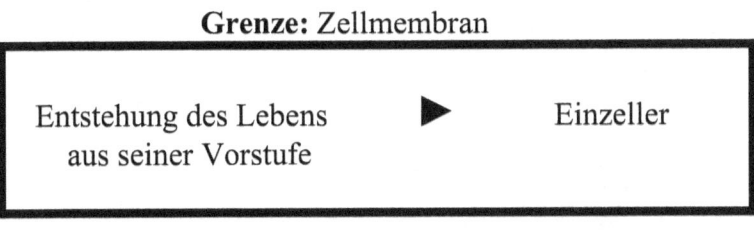

**Möglichkeit**                **Wirklichkeit**

## 2.7 „Grenze" und höheres Leben

Die Zellmembran eines Einzellers ist nicht nur seine eigene „biologische Grenze". Sie ist gleichzeitig die „Grenze des Seins", die für den Einzeller relevante Wirklichkeit. Die Welt eines Pantoffeltierchens beginnt und endet an der Oberfläche seiner Zellmembran, an der es chemische Signale aus seiner Umwelt empfängt. Sind diese Signale positiv, auf Nahrung hindeutend, dann orientiert sich das Tierchen bei seiner Bewegung nach zunehmender Stärke des jeweiligen an seinen Grenzen ankommenden chemischen Signals. Mit der Ausbildung der Sinnesorgane und des Nervensystems entfernt sich die vom Lebewesen wahrgenommene Grenze der Welt immer mehr von seiner individuellen Grenze.

Bei den Süßwasserpolypen die schon ein einfaches Nervensystem, jedoch noch kein Gehirn besitzen, liegt die „Grenze des Seins" außerhalb der „biologischen Grenze". Die Hydra nimmt alles, was in ihre Nähe kommt und nicht allzu groß ist, wahr, packt es mit ihren Fangarmen und befördert es ins Maul. Dieser kleine Ausschnitt aus der Welt genügt der Hydra bereits, um zu überleben.

Die Wahrnehmung der Umwelt wird mit dem Erscheinen und der Entwicklung des Gehirns allmählich breiter und differenzierter. Es taucht dabei allmählich ein neues immaterielles Organ, das Bewußtsein auf. Wie das Bewußtsein in der Evolution auftreten konnte, ist eines der großen Rätsel, denen der Mensch gegenübersteht. Man kann aber vermuten, daß das Entstehen des Bewußtseins irgendwie mit der Benutzung von Symbolen verbunden ist. Bei den höheren Tieren werden die im Gehirn von der Umwelt empfangenen Symbole immer differenzierter und selektiver. Und weil jedes dieser Symbole konkret ist und einem Stück Realität entspricht, entsteht aus ihnen durch Abstraktion und Integration im Gehirn ein bestimmtes Abbild der Realität. Dieses Abbild korrespondiert zwar mit der Realität, ist jedoch mit dieser nicht identisch. Es ist die Wirklichkeit der betreffenden Lebewesen. So wandelt sich primitives Wahrnehmen allmählich in differenzierte Reflexion (oder Spiegelung) der Welt um. Das auf diese Weise im Gehirn bewußt gewordene Sein bezieht sich immer noch ausschließlich auf die Umwelt. Das das Sein beobachtende „Ich" bleibt sich seiner selbst noch unbewußt. Das erfaßte Sein liegt stets in „Es"-Form vor, weshalb man es auch als Es-Bewußtsein bezeichnen kann. Es ist das Bewußtsein der höheren Tiere[12]. Hier werden belebte und unbelebte „Objekte" nicht mehr wie bei der Hydra pauschal als „Schatten", sondern individuell erkannt und bewertet. Das Es-Bewußtsein ist eine emergente – plötzlich auftauchende - völlig neuartige nichtphysikalische Eigenschaft. Es ist durch die parallel ablaufenden neuronalen Aktivitäten in etwa soweit bedingt wie z.B. eine Bach-Sonate durch die sie hervorbringenden schwingenden Saiten einer Geige, bedingt ist.

Das Es-Bewußtsein lässt neue Grenzen territorialer und sozialer Art entstehen. Sie beziehen sich auf konkrete Dinge (Nahrung, andere Lebewesen usw.). Sie selbst sind aber Konstrukte des Bewußtseins und deshalb abstrakt.

---

[12] Zahlreiche Experimente deuten darauf hin, dass höhere Primaten, wie etwa Schimpansen, in gewissem Grade bereits ein Ich-Bewusstsein haben.

Eine erste Gruppe, Territoriale Grenzen, haben die biologische Aufgabe, einem Tier die benötigte Nahrung zu sichern. Sie haben, je nach dessen Lebensbedingungen, einen unterschiedlichen Verlauf, sind aber jedenfalls wesentlich ausgedehnter als diejenigen der einfachen Lebewesen. Die Grenzen werden mit Hilfe von Duftmarkierungen (z.B. Urin) oder akustischen Signalen (z.B. Vogelgesang) abgesteckt. Sie werden von Eindringlingen indirekt respektiert, indem sie beim Kampf weniger Aggression entwickeln als der Territoriumsbesitzer (so können bei Territoriumskämpfen, in den meisten Fällen, die Grenzen erfolgreich verteidigt werden). Die Grenzen „meine" und „deine" wurden also nicht, wie es Karl Marx behauptete, vom Menschen, sondern bereits viele Jahrmillionen vorher, von der Evolution, „erfunden".

Eine zweite vom Es-Bewußtsein gezogene Grenze ist die soziale Grenze. Mit Hilfe sozialer Grenzen werden andere Lebewesen in Gruppen, wie „Familie" und „Horde", „Beute" und „Feind", „Anführer" und „Untergeordnete" eingeteilt. Es entsteht so ein Netz sozialer Beziehungen, welches wiederum auf die Empfindungen der einzelnen Lebewesen zurückwirkt. Die ursprünglich primitiven Gefühle werden im laufe der Evolution immer differenzierter und nuancierter. Gefühle wie Liebe, Hass, Freude, Trauer, Zuneigung, Demut und Führungsanspruch, nehmen einen zunehmend wichtigen Platz im Leben ein[13].

---

[13] Wie Grenzen unsere Empfindungen erzeugen und beeinflussen, möchte ich an Hand eines positiven und eines negativen Beispiels veranschaulichen:

Eine der wichtigsten Quellen menschlichen Glücks ist die Partnerschaft. Sie besteht (unabhängig vom Trauschein) von der Bereit-

Man wird deshalb der Bedeutung des Es-Bewußtseins nicht gerecht, wenn man es nur unter darwinistischen Gesichtspunkten, einzig als Vorteil beim Kampf ums Ueberleben,, betrachtet. Natürlich verleiht das Bewußtsein einem Lebewesen erhöhte Flexibilität, und dadurch in manchen Fällen eine bessere Überlebenschance. Wäre es aber der Evolution allein um das nackte Überleben gegangen, hätte sie spätestens bei den Insekten, bei den erfolgreichsten Lebewesen, im „Kampf ums Dasein" stehen bleiben müssen.

---

schaft zweier Menschen ihre individuelle Grenzen zu eine gemeinsame Grenze zu erweitern.

Mein zweites Beispiel sind die antisemitischen Gefühle von Nichtjuden. Diese Gefühle sind bekanntlich völlig unabhängig von der Begegnung mit Juden. Es bedarf in der Gesellschaft lediglich einer im Bewusstsein ihrer Mitglieder gegen die Juden gezogene Grenze.

**Zusammenfassung:**

Die wahre Bedeutung des Es Bewußtseins besteht, darin, daß dieses abstrakte Grenzen territorialer und sozialer Art erzeugt. Diese Grenzen bewirken eine Differenzierung des tierischen Zusammenlebens und ermöglichen so die Entfaltung der Gefühle und Empfindungen in der Evolution. Nicht die Tatsache, daß höhere Tiere sich ihres Seins bewußt sind, bringt sie uns so nahe, sondern die Gemeinsamkeit der Gefühle und Empfindungen -- das Bewußtsein unserer gemeinsamen Grenzen.

**Grenze:** Es-Bewußtsein

| Entfaltung des einfachen Leben | ▶ Differenzierung der Empfindungen; höheres Leben (Gefühle, Empfindungen) |
|---|---|
| **Möglichkeit** | **Wirklichkeit** |

## 2.8 „Grenze" der Grenzen

Wir haben bis jetzt die wichtigsten Kategorien von Grenzen in der Evolution kennengelernt. Grenzen haben jede auf ihre Weise dazu beigetragen, daß aus der Energie des Anfangs die Materie, die stoffliche Vielfalt, das Leben, das tierische Es-Bewusstsein und schließlich das menschliche Ich-Bewußtsein, entstanden sind. Grenzen sind also kreative Werkzeuge der Evolution. Jetzt, am Ende dieses Kapitels, stellt sich nur noch die Frage, wie diese Grenzen selber entstanden sind. Sind sie Produkte des Zufalls oder gibt es andere Gründe, welche hier eine Rolle gespielt haben?

Um auf diese Frage eine Antwort zu erhalten, müssen wir zum Anfang der Evolution zurückgehen. Damals, beim Entstehen der Elementarteilchen wurden gleichzeitig auch die fundamentalen Konstanten des Universums festgelegt. Solche Werte sind z.B. Masse und Ladung von Elektron und Proton, die verschiedenen Kopplungskonstanten (Maße der Kräfteintensität, welche die Elementarteilchen durch die gegenseitigen Wechselwirkungen aufeinander ausüben) oder die Newton'sche Gravitationskonstante. Hierhin gehört auch, meiner Meinung nach, der zweite Hauptsatz der Thermodynamik. Sie legt, als einziges fundamentales Naturgesetz, die Richtung der Zeit fest, weil nämlich in einem abgeschlossenen System die Entropie[14] mit der Zeit stets zunimmt. Dieses Naturprinzip garantiert,

---

[14] Die Entropie ist eine Zustandsgröße in der Thermodynamik. Sie kann als ein Maß der Unordnung in einem geschlossenen, von außen her unbeeinflussten System, betrachtet werden. Ein solches System strebt nach größtmöglichem Ausgleich, d.h. Unordnung, und damit einem maximalen Entropie-Wert zu.

daß die Evolution (und innerhalb dieser jeder andere Prozeß) stets von der Vergangenheit her nach der Zukunft voranschreitet und nicht umgekehrt.

All diese fundamentalen Werte und Gesetzmäßigkeiten blieben in den 14 Milliarden Jahren, die seit dem Anfang des Universums verflossen sind, gleich. Hätten sie sich auch nur geringfügig verändert, würde unser Universum heute ganz anders aussehen. Womöglich würde es nur aus Gaswolken von Helium und Wasserstoff bestehen. Es hätten sich im Innern der Sterne keine Atome wie Kohlenstoff, Stickstoff oder Phosphor bilden können, welche ihrerseits Bausteine und somit Voraussetzung des Lebens sind. Es wäre durch die Explosion solcher Sterne kein kosmischer Staub entstanden, aus dem sich später unser Planet Erde hätte bilden können. Daß die Evolution Lebewesen mit Bewußtsein hervorgebracht hat, beruht also letzten Endes auf dem Zusammenspiel einiger weniger fundamentaler Konstanten, die jeweils einen ganz bestimmten Zahlenwert besitzen.

Dies alles ist eine von den Naturwissenschaftlern unbestrittene Tatsache. Die Frage, ob man sie als Hinweis auf das Wirken eines Schöpfers betrachtet oder sie besser durch eine plausible kosmologische Theorie zu erklären versucht, ist nicht unser Thema. Wir wollen hier lediglich festhalten, daß diese vor 14 Milliarden Jahren entstandene „Grenze der Grenzen" die gesamte nachfolgende Evolution mit allen in ihr enthaltenen „Folgegrenzen" bestimmte.

**Zusammenfassung:**

Die erste Grenze in der Evolution bildeten die fundamentalen Konstanten und das Entropie-Prinzip. Aus dieser, im allerersten Anfang entstandenen, Grenze leiten sich alle späteren Grenzen der Evolution ab. Diese erste Grenze kann man deshalb zurecht als „die Grenze der Grenzen" bezeichnen.

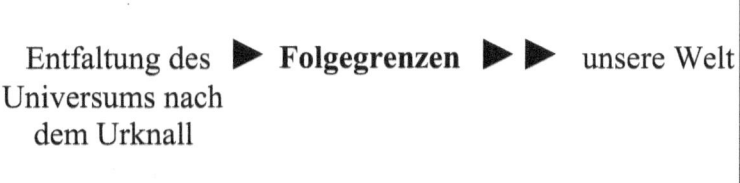

**Grenze der Grenzen:** fundamentale Konstante und Entropie-Prinzip

Entfaltung des ▶ **Folgegrenzen** ▶▶ unsere Welt
Universums nach
dem Urknall

**Möglichkeit** **Wirklichkeit**

## 3. Die von der Natur gezogenen Grenzen des menschlichen Geistes

In diesem Tel der Arbeit wird es um die Beziehung des menschlichen Geistes zu einigen solcher Kategorien von Grenzen gehen, welche, unabhängig vom Menschen, durch die Natur „errichtet" wurden[15].

1. Endlichkeit der Zeit (der Tod)

2. Vererbte biologische Merkmale

3. Beständigkeit der Materie

4. Weite des Raums

5. Begrenztheit der Ressourcen der Erde

6. Begrenztheit des „Ich's"

7. Begrenztheit menschlichen Erkennens

Die Besprechung unseres Verhältnisses zu jenen Grenzen, welche vom menschlichen Geist selbst aufgestellt wurden, wird das Thema des nächsten Kapitels sein.

---

[15] Allgemeine Betrachtungen über den menschlichen Geist siehe bei Kapitel 4.1

## 3.1 Endlichkeit der Zeit (der Tod)

Einzeller sterben nicht, sie teilen sich nur, wobei ihre Zellsubstanz vollständig in die der Tochterzellen übergeht. Die im arktischen Eis vor Jahrhundertmillionen eingefrorenen Bakterien leben, wenn man das Eis auftaut, weiter. Das Phänomen Tod betrat erst mit der geschlechtlichen Fortpflanzung die Bühne der Evolution. Alle Pflanzen und Tiere müssen sterben, doch nur der Mensch ist sich dessen bewußt; er hat als erstes und einziges Lebewesen die Zeit entdeckt.

Er wurde so, mit der ihm unbekannten Vergangenheit und mit einer Zukunft, die ihm den sicheren Tod bringt, konfrontiert. Der Blick in das, was jenseits der Grenze „Tod" ist und was „danach" geschieht, blieb ihm dabei versperrt. Mit dem beruhigenden Gefühl, ähnlich wie die anderen Geschöpfe im „Paradies" einer unveränderlichen „ewigen" Gegenwart zu leben, war es damit für ihn jäh zuende. Mit Entsetzen mußte der Mensch feststellen, daß alles Gegenwärtige augenblicklich zur Vergangenheit verrinnt, und was übrigbleibt, ist die unendliche Zukunft, die er nicht kennt.

„Siddhartha sprach mit Entzücken, tief hatte diese Erleuchtung ihn beglückt. Oh, war denn nicht alles Leiden Zeit, war nicht alles Sichquälen und Sichfürchten Zeit, war nicht alles Schwere, alles Feindliche in der Welt weg und überwunden, sobald man die Zeit überwunden hatte, sobald man die Zeit wegdenken konnte?" [16]

---

[16] Hermann Hesse: *Siddharta*", S. 88, Suhrkamp Taschenbuch Nr. 182

Ich vermute deshalb, daß das Bewußtwerden der Begrenztheit der menschlichen Zeit auf das Entstehen der Religion, und, damit verbunden, auf die Entfaltung des menschlichen Geistes einen großen Einfluß hatte. Am Anfang existierten natürlich noch nicht die hochentwickelten monotheistischen Religionen mit ihren sittlichen und moralischen Zielsetzungen. Ihre Wurzel geht aber auf den Totenkult der Steinzeitmenschen zurück, die sich, wie es Grabfunde bezeugen, bereits mit der Zeit nach dem Tod auseinandersetzten.

Die ältesten Hilfen des menschlichen Geistes, die Grenze Zeit zu überwinden, sind Religion und Kunst. Unter den Religionen steht die Überwindung der Zeit, vor allem beim Buddhismus, im Mittelpunkt. Durch schrittweise Vervollkommnung der eigenen Persönlichkeit wird das Endziel der Entwicklung, das Nirwana, erreicht, wo die Zeit aufgehoben ist. Die monotheistischen Religionen wollen die Zeit nicht aufheben. Im Gegenteil, sie geben dem Mensch die Gewissheit, daß die Zeit auch für ihn als Individuum mit dem Tod nicht beendet ist.

Der zweite Weg ist die Kunst, allen voran die Musik. Bei den Klängen eines Verdi-Requiems oder einer Bach-Messe fühlen wir uns als Sieger über die Zeit und haben das Gefühl, es würde unser Geist von der Ewigkeit erfaßt. Andere Kunstarten haben in dieser Beziehung gegenüber der Musik das Handicap, daß sie nicht so abstrakt wie die Musik sind. Dennoch spüren wir beim Betreten der Kathedrale von Chartres oder bei der Betrachtung eines Kunstwerks wie Marc Chagalls Monumentalwerk „Noah und der Regenbogen" für einen Moment die Nähe der Ewigkeit.

Durch die Religion und die Kunst kann der menschliche Geist direkt, als „Ich", an der Ewigkeit teilhaben. Es gibt jedoch weitere Möglichkeiten, die Ewigkeit indirekt, mit Hilfe eines fremden „Ich-Bewußtseins", anzustreben. Dies ist der Fall bei allen geistigen Tätigkeiten, in Kunst, Literatur, Wissenschaft und Gesellschaft, wo sich ein Mensch „unsterblich" machen kann. Doch dieser Weg des menschlichen Geistes, auch wenn er in höchstem Masse positiv ist, führt nicht zur Überwindung der Grenze „Zeit" -- er ist nur unser bestmöglicher Kompromiss bei Anerkennung dieser Grenze.

In der postmodernen Gesellschaft, in der die Religion in die Defensive geraten und Kunst von einer ihrer ureigenen Aufgaben, Gefühle auszudrücken, entbunden worden ist, steht der Mensch der Zeit zunehmend schutzlos gegenüber. Das Ergebnis ist, daß der moderne Mensch vor der Zeit flüchtet. Er versucht, erfolglos, ihr durch Arbeit, durch Vergnügen, durch Suchtbefriedigungen zu entkommen. Er hofft vergebens, daß durch Hinausschieben seines Todes mit Hilfe der modernen Medizin sein Problem mit der Grenze „Zeit" beseitigt wird. Er sendet Botschaften elektronisch, mit Lichtgeschwindigkeit, und jettet selbst, mit Überschallgeschwindigkeit, in der Welt herum. Vergebens. Dadurch daß er alles schneller macht, überwindet er die Zeit noch nicht. Im Gegenteil, er wird ihr erst noch mehr ausgeliefert. Nach einer Anekdote hat sich einmal ein amerikanischer Business-Manager bei einem alten Indianerhäuptling darüber beklagt, wie wenig Zeit er habe. „Das verstehe ich nicht, Du hast ja alle Zeit, die es gibt...!" antwortete ihm der Häuptling.

Bei ihrem Kampf gegen die Grenze der Zeit, setzt die moderne Menschheit allein auf die Naturwissenschaften. Die durchschnittliche Lebenserwartung in den Industrieländern hat sich innerhalb der letzten hundert Jahre mehr als verdoppelt (auf gegenwärtig ca. 73 Jahre bei Männern bzw. ca. 80 Jahre bei Frauen) und nimmt weiterhin zu. Diese erfreuliche Entwicklung bedeutet aber nicht, daß dies grenzenlos fortgesetzt und die Lebenserwartung mit allen weiteren hundert Jahren verdoppelt würde. Vielmehr ist es wahrscheinlich, daß das biologisch maximale Lebensalter des Menschen von ca. 120 Jahren durch zunehmende Eliminierung von negativen Einflüssen (Kindersterblichkeit, fehlende Hygiene, ungenügende Ernährung, Stress usw. ) allenfalls immer mehr angenähert werden kann. Mit anderen Worten, an der Grenze von 120 Lebensjahren[17] hat sich in der Geschichte der Menschheit nichts geändert, nur die durchschnittliche Chance, diese Grenze zu erreichen, wird immer größer.

Freilich sehen viele Naturwissenschaftler im Sterben einen pathologischen Vorgang, welcher, wie jeder andere „pathologische Prozeß", bekämpft werden muß und kann. Es sind vor allem zwei Vorgänge, welche von der Forschern für das Sterben verantwortlich gemacht werden. In den Mitochondrien (Energiefabriken der Zellen) werden aggressive Substanzen (freie Radikale) freigesetzt, welche die Zelle angreifen und diese letzten Endes funktionsunfähig machen. Als Gegenmittel wirken (körpereigene, oder dem Körper zugeführte) Antioxydantien. Nach der zweiten Theorie ist die Alterung der Zelle genetisch bedingt.

---

[17] Die Grenze 120 Lebensjahren ist ein Erfahrungswert, welcher die Angaben der Bibel (Moses I / 6;3) bestätigt: „Und der Ewige sprach: Nicht soll mein Geist walten in dem Menschen für immer — in ihrem Wahn wird er Fleisch — und so seien seine Tage hundert und zwanzig Jahre".

Die Endstücke der Chromosomen sind mit einer „Schutzkappe", den sog. Telomeren versehen. Bei jeder Zellteilung wird das schützende Telomer etwas kürzer. Sobald es vollständig verbraucht ist, stirbt die Zelle. Dieser Abnützungsvorgang könnte, auf Grund erster Zellversuche mit dem Protein Telomerase, vermieden werden. In der Wirklichkeit ist aber das Leben ein ungeheuer komplexer Vorgang, dessen Ende nicht von zwei, sondern von unzähligen Faktoren beeinflußt wird. Es ist zwar denkbar, daß durch neue Entdeckungen die Grenze von 120 auf „120 + X" Lebensjahre verlängert werden kann. Dadurch wird aber die Grenze Zeit nicht überwunden, sondern nur hinausgeschoben.

Wir müssen erkennen, daß die Bedrohung unseres Bewußtseins durch die Zeit ein Problem des menschlichen Geistes ist. Deshalb kann sie als solche nur mit geistigen und nicht mit chemisch/biologischen Mitteln bekämpft werden.

**Zusammenfassung:**

Das Bestreben des menschlichen Geistes, die Grenze „Endlichkeit der Zeit", d.h. den Tod zu überwinden, bewirkte, daß Religion und, in ihrer Folge, später Kunst und Kultur entstanden sind. Doch seit dem 18. Jahrhundert wurde die Autorität der Religion schrittweise demontiert und bald danach auch die Kunst von menschlichen Gefühlen befreit. So verliert der menschliche Geist in der modernen Gesellschaft zunehmend seine Fähigkeit, die Grenze „Zeit" zu überwinden. Er fühlt sich in seiner winzigen „Zeitblase" eingeschlossen, isoliert von der Unendlichkeit der Schöpfung, was ihn mit tiefer Angst erfüllt.

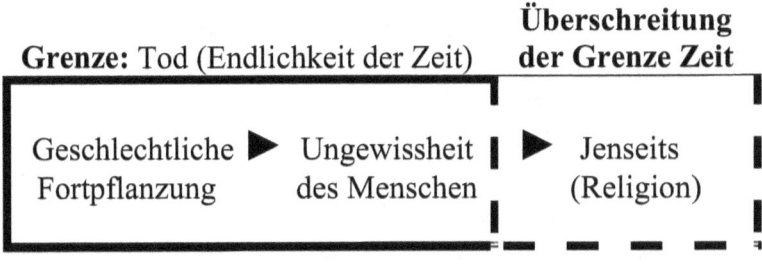

## 3.2 Vererbte biologische Merkmale

Die Grenze „Erbgut" konnte sich sehr lange gegenüber dem Ansturm des menschlichen Geistes behaupten. Noch bis vor zweihundert Jahren galten die vererbten Merkmale der einzelnen Arten, entsprechend der Schöpfungsgeschichte des Alten Testaments, als unveränderlich. Erst im 19. Jahrhundert hat man erkannt, daß die Arten sich je nach ihren Umweltbedingungen verändern, daß es eine Evolution der Lebewesen gibt.

Nach der Theorie von Lamarck ist für diese Veränderung ein „Vervollkommnungstrieb" der Lebewesen verantwortlich, der die Anpassung des Organismus an die verschiedenen Umwelteinflüsse vorantreibt. Die dabei erworbenen Eigenschaften wären vererblich. So wird, nach Lamarcks Theorie, der Hals der Giraffe durch das Strecken nach hoch liegenden grünen Zweigen immer länger. Demgegenüber beruhen nach der etwa 50 Jahre später entstandenen Theorie von Darwin die Veränderungen auf einer natürlichen Auswahl (Selektion) von rein zufällig entstandenen Veränderungen (Mutationen). Dabei würden sich im „Kampf ums Dasein" die besser Angepaßten durchsetzen. Obwohl der Streit lange zu Gunsten Darwins zu verlaufen schien, weisen neuere mit Bakterien durchgeführten Experimente darauf hin, daß diese selbst einen gewissen Einfluß auf den Verlauf der Mutationen ausüben können, so daß die Lamarck'schen Vorstellungen über die Vererbung doch nicht völlig falsch gewesen wären. Ich vermute, daß die Wahrheit irgendwo zwischen den beiden Theorien liegt. Eines ist aber auf jeden Fall sicher: Merkliche Veränderungen der Arten bei höheren Lebewesen nehmen in der Natur hunderttausende von Jahre in Anspruch[18].

Während die Entdeckung der Evolution im menschlichen Bewußtsein eine Revolution auslöste, hat sich beim faktischen Verhältnis des Menschen zur Grenze „Erbgut" vorerst nichts geändert. Veränderungen der Arten blieben weiterhin ein Privileg der Natur. Der Mensch konnte hier nur die durch die Natur erlaubten Möglichkeiten ausschöpfen und gewisse *bereits vorhandene Merkmale* durch gezielte Züchtung fördern bzw. unterdrücken. Das Diktat des Erbgutes blieb für den Menschen, bis in die zweite Hälfte des 20. Jahrhunderts „Schicksal", eine unüberwindliche Grenze. Allerdings konnte er bis zu diesem Zeitpunkt Licht in einige wichtige Teile des geheimnisvollen Geschehens der Vererbung bringen. Er erkannte, daß die Träger der Vererbung die im Zellkern plazierten Chromosomen sind. Beim Menschen beträgt ihre Anzahl 46. Chemisch sind sie Riesenmoleküle, die Desoxyribonukleinsäuren (DNS). Die Chromosomen bestehen aus Teilabschnitten, aus den sogenannten Genen. Jedes einzelne

---

[18] Bei niedrigen Lebewesen, wie z.B. Insekten, wo die Zykluszeiten des Lebens wesentlich kürzer sind, können bereits innerhalb eines relativ kurzen Zeitintervalls klare, evolutionsbedingte Veränderungen beobachtet werden. Ein bekanntes Beispiel dafür ist das Insekt Birkenspanner (Biston betularia). Seine ursprüngliche Färbung – weiß mit dunklen Punkten und Streifen – kann kaum von der Birkenrinde unterschieden werden. Mutanten, die zufällig ganz dunkel waren, wurden schnell zur Beute der Vögel. Die Umweltsituation hat sich mit der Industrialisierung im 18./19. Jahrhundert verändert, als die Baumrinden, als Folge der Rußablagerungen zunehmend dunkler wurden. Plötzlich jedoch war die dunkle Farbe des Falters ein Selektionsvorteil. Dementsprechend waren um 1900 bereits 80% aller Birkenspanner dunkel gefärbt.

der insgesamt 50'000 im menschlichen Zellkern vorhandenen Gene ist für ein bestimmtes vererbbares Merkmal verantwortlich. Die Gene werden wiederum aus vier verschiedenen Nukleotiden als Untereinheiten aufgebaut[19]. Dabei bilden stets drei in der DNS-Kette nebeneinander stehende Nukleotiden einen „Buchstaben" in der genetischen Botschaft. Jede von ihnen entspricht einer von 20 möglichen Aminosäuren und bestimmt so beim „Ablesen" die Reihenfolge der Aminosäuren bei der Proteinsynthese. (Damit sind natürlich die ungeheuer komplexen, größtenteils noch unbekannten Vorgänge und Einflüsse, die bei der Verwirklichung der genetischen Botschaft in der Zelle eine Rolle spielen, noch lange nicht aufgeklärt.)

Der eigentliche „Angriff" auf die Grenze des Erbgutes begann erst vor 30 Jahren, als es dem amerikanischen Forschern Boyer und Cohen erstmals gelang, ein bestimmtes Gen eines Bakterienstammes (welches das Bakterium streptomycinresistent machte) auf einen anderen Bakterienstamm zu übertragen. Bei diesem historischen Experiment hat als Transportvehikel ein Plasmid (ringförmige DNS von Bakterien) gedient. Dieses wurde mit einem Restriktionsenzym aufgeschnitten und die beiden Enden, mit Hilfe eines speziellen Enzyms (Ligase), mit dem isolierten Streptomycinresistenz-Gen wieder zu einem Ring verklebt. Das so veränderte Plasmid wurde dann in die Zelle eines nicht resistenten Bakteriums eingeschleust, wo nach erfolgter Zellteilung das neue Erbmerkmal den Nachkommen weitergegeben wurde.

---

[19] Die Nukleotiden enthalten neben Zucker und Phosphaten jeweils eine der vier Basen: Adenin, Cytosin, Guanin und Thymin.

In der Zwischenzeit ist die Gentechnik Routine geworden. Es lassen sich dabei die unterschiedlichsten genmanipulierten (transgenen) Organismen, wie etwa Hefezellen, welche Impfstoff gegen Hepatitis-B produzieren, oder Pflanzen, die gegen Kälte und Schädlinge resistent sind, herstellen. Der Eingriff in die Gene macht auch vor der menschlichen Erbsubstanz keinen Halt. An der Gentherapie von Erbkrankheiten oder von Krebs wird bereits intensiv geforscht.

Daß diese Entwicklung, trotz der erzielten Fortschritte, potentielle Gefahren in sich birgt, liegt auf der Hand. Zunächst ist da einmal die Sicherheitsfrage. Die Gefahren und Konsequenzen, die durch die Freisetzung gentechnisch veränderter Organismen für Mensch und Umwelt entstehen, können grundsätzlich nicht mit 100%iger Sicherheit abgeschätzt werden. So werden z.B. in den meisten Forschungslaboratorien, zu Genmanipulations-Versuchen, Escherichia-Coli-Bakterien verwendet. Diese auf der ganzen Erde verbreiteten Bakterien leben in friedlicher Symbiose mit dem Menschen zusammen (im Darm). Würde nun bei diesen Experimenten ein für den Menschen gefährlicher Escherichia-Coli-Stamm entstehen, und würde nur ein Einziger von ihnen aus dem Laboratorium entweichen, so könnte dadurch die gesamte Menschheit in große Gefahr geraten.

Noch problematischer als die Sicherheitsfrage sind in meinen Augen die ethisch/moralischen Gefahren, die der Menschheit bei einer mißbräuchlichen Weiterentwicklung der Gentechnologie drohen. Denn die gentechnologische Reparatur einer Erbkrankheit ist von der gentechnologischen Korrektur eines an sich nicht pathologischen, jedoch

„unvorteilhaften" Erbmerkmals nur einen kleinen Schritt weit entfernt. Wird dieser Schritt technisch möglich, dann wird er, wie die Erfahrung zeigt, auch realisiert. Und bald darauf wird es in der Gesellschaft für „unvorteilhafte" Erbmerkmale keine Toleranz mehr geben. Ohne es zu merken würde der Mensch dem Zwang der Eugenik, einem der Wunschträume Hitlers, erliegen. Die Konsequenzen würden bei weitem die Zustände überschreiten, welche Aldous Huxley in seinem berühmten Buch *Schöne neue Welt* bereits im Jahr 1932 mit prophetischem Weitblick beschrieben hat. Daß solche Eingriffe teuer zu stehen kommen und nur von einer kleinen Oberschicht bezahlt werden können, ist naheliegend. Als Folge könnte sich die Gesellschaft in eine kleine Gruppe von „Übermenschen" und die Masse „gewöhnlicher" Menschen spalten.

Als ein weiteres Beispiel der bedrohlichen Entwicklung möchte ich die Veränderung unseres Verhältnisses zur Fortpflanzung erwähnen. Zu den Eckpfeilern menschlichen Selbstverständnisses gehört die Gewissheit, daß die Fortpflanzung der Menschheit mit der Sexualität, mit der Beziehung zwischen Mann und Frau, verbunden ist. Dementsprechend wird diesem Verhältnis sowohl von der religiös/moralischen als auch von der sozialen/politischen Seite her ein sehr hoher Stellenwert zugeschrieben. Dabei ist es eine zweitrangige Frage, ob dieses Verhältnis in religiösem, staatlichem oder in frei gewähltem Rahmen erfolgt, ob die Fortpflanzung durch den Geschlechtsakt, oder, wenn notwendig, mit Hilfe von In-vitro-Fertilisation stattfindet. Nun haben Forscher aber kürzlich eine neue Methode zur künstlichen Befruchtung im Laboratorium mit Erfolg testen können. Diese Methode, welche den Namen Haploidisierung trägt, erlaubt zwei Männern, künstlich ein eigenes Kind zu zeugen, dessen Erbmerkmale, genau so als wäre es heterosexuell erzeugt, von beiden Partnern stammen[20]. Das Verfahren kann mit einer gewissen Modifikation auch zwischen zwei Frauen angewendet werden. Die Wahrscheinlichkeit dafür, daß dieses vorläufig noch im Forschungsstadium befindliche Verfahren (trotz ablehnender Stimmen) früher oder später in der Praxis eingeführt wird, ist groß. Als langfristige Folge eines solchen Falls wären, meiner Ansicht nach, unsere jahrtausende alte Wertvorstellungen über die Sexualität zerstört und der Geschlechtsakt zwischen Mann und Frau degradiert zu einer rein mechanischen Betätigung zwecks Lustgewinn.

Gegen solche Entwicklungen schützt uns keine von der Natur errichtete Grenze mehr. Nur Grenzen, die wir selbst dagegen aufstellen müssten, könnten uns vor unseren eigenen Taten bewahren. Die 6000-jährige Geschichte der zivilisierten Menschheit lehrt uns allerdings, daß es noch niemals ein Gesetz strafrechtlicher oder ethisch/moralischer Art gegeben hat, das nicht irgendwann einmal durch Menschen gebrochen oder umgegangen worden wäre. Diese Tatsache hatte bis jetzt, zumindest global betrachtet, keine verhängnisvollen Folgen. Jetzt

---

[20] Nach dieser Methode wird als erstes die DNS aus einer Eizelle entfernt. Darauf wird in der entkernten Zelle die DNS einer Körperzelle des einen Partners (wie beim Klonen) injiziert. Anschließend wird die so erhaltene Eizelle mit einem Spermium des zweiten Partners zusammengebracht. Dabei verschmilzt der halbe Chromosomensatz der Eizelle mit der Erbsubstanz des Spermiums zu einer vollständigen Erbanlage, während die übrig gebliebene andere Hälfte an Körperzell-Chromosomen aus der befruchteten Zelle ausgeschleust wird.

aber könnte ein einziges „Vergehen" irreparable Veränderungen verursachen! Damit möchte ich nicht behaupten, daß diese Entwicklung unaufhaltbar ist, lediglich, daß sie abzuwenden von uns außerordentliche Anstrengungen erfordert.

Zum Schluss möchte ich zu meinen Ausführungen die Meinungen zweier Persönlichkeiten anfügen, die zu diesem Thema wirklich befugt sind. Es ist eindrucksvoll zu sehen wie beide Männer, trotz ihrer unterschiedlichen Ausbildung und Tätigkeit, die Situation ähnlich beurteilen. Der eine von ihnen ist Ervin Chargaff, einer der führenden Biochemiker des 20.Jahrhunderts, der an der Erforschung der Erbsubstanz maßgeblich beteiligt war[21] :

„Überhaupt ist es bedauerlich, daß die Debatte über diese Fragen (Genmanipulation) sich fast nur auf das Problem der Sicherheit beschränkt hat. Obwohl ich die ganze Sache keineswegs für ungefährlich halte, gibt es einen noch viel wichtigeren Gesichtspunkt. Ich möchte nämlich die folgende Frage stellen: Gesetzt den Fall, daß der Mensch einen Weg vor sich sieht, um seine genetischen Anlagen zu verändern, sollte er diesen Weg gehen? ... Wird er jemals wieder aus den vielfachen Scheußlichkeiten, auf die er sich eingelassen hat, herausfinden? Kann die Wissenschaft einen Feldzug gegen das, was Millionen von Jahren hervorgebracht haben, gewinnen?"

---

[21] Ervin Chargaff: *Unbegreifliches Geheimnis*, S.156. Klett-Cotta (1981)

Mein zweiter „Zeuge" ist der bekannte Natur- und Technikphilosoph Hans Jonas[22]:
„Hier sei lediglich auf diesen ehrgeizigen Traum des homo faber hingewiesen, der in der Redensart zusammengefasst ist, daß der Mensch seine eigene Evolution in die Hand nehmen will, mit dem Ziel nicht bloß der Erhaltung der Gattung in ihrer Integrität, sondern ihrer Verbesserung und Veränderung nach eigenem Entwurf. Ob wir dazu das Recht haben, ob wir für diese schöpferische Rolle qualifiziert sind, ist die ernsteste Frage, die dem plötzlich im Besitz solch schicksalhafter Macht sich befindenden Menschen gestellt sein kann. Wer werden die "Bild"-Macher sein, nach welchen Vorbildern, und auf Grund welchen Wissens? Auch die Frage nach dem moralischen Recht, mit künftigen menschlichen Wesen zu experimentieren, stellt sich hier. Diese und ähnliche Fragen, die eine Antwort verlangen, *bevor* wir uns auf eine Fahrt ins Unbekannte einlassen, zeigen aufs eindringlichste, wie weit unsere Macht des Handelns uns über die Begriffe aller früheren Ethik hinaustreibt."

---

[22] Hans Jonas: *Das Prinzip Verantwortung*, S.52. Suhrkamp Taschenbuch Nr.1085 (1984)

**Zusammenfassung:**

Der Ansturm des menschlichen Geistes auf die von ihm noch nicht überwundene Naturgrenze des Erbgutes ist in unserer Zeit voll im Gange. Trotz aller bisher erzielten und in der Zukunft noch zu erwartenden Teilerfolge besteht hier die Gefahr, daß der Mensch, wenn er diese Mauer zerstört, dabei selbst unter den Trümmern begraben werden wird.

| **Grenze:** das Erbgut | **Überschreitung der Grenze** |
|---|---|
| Anpassung des ▶ Entstehung Lebens an die der versch. Umwelt Arten | ▶ Genmanipulation (medizinische und Landwirtschaftliche Anwendung)<br>▶ Eliminierung der Sexualität aus der Fortpflanzung<br>▶ Gefahr des Aufkommens der Eugenik<br>▶ Gefahr der unwiderruflichen Verbreitung gefährlicher, oder missgebildeter Lebewesen. |
| **Möglichkeit** | **Wirklichkeit** |

## 3.3 Beständigkeit der Materie [23]

Lebewesen passen sich nicht nur der Umwelt an, sie versuchen auch umgekehrt, die Umwelt ihren Zwecken anzupassen. Sie bewohnen Höhlen oder Hohlräume von Bäumen, bauen Nester aus Ästen usw. Bei dieser Tätigkeit stoßen aber die meisten Tiere an eine Grenze, die sie nicht überschreiten können. Diese Grenze ist die Beständigkeit der Materie. Letztere könnte man metaphorisch mit einer von vier Mauern umgebenen Festung vergleichen, wobei die Mauern (d.h. die Grenzen) von außen nach innen immer höher und uneinnehmbarer werden. Die Bearbeitung und Umwandlung der Materie durch den Menschen ging mit seiner Entwicklung Hand in Hand, bis er schließlich alle vier Schutzmauern dieser Festung bezwungen hatte.

**1) Die Mauer der Physik (Mechanik)**

Beim Überwinden dieser ersten Mauer, d.h. bei physikalischen Veränderungen, werden lediglich die äußere Form, nicht aber die grundlegenden Eigenschaften der Materie verändert. Der einfachste Fall einer solchen von einem Lebewesen bewußt hervorgerufenen Veränderung liegt vor, wenn z.B. ein Schimpanse von einem Baum einen Ast abbricht, diesen von den Nebenästen und Blättern befreit

---

[23] In mikroskopischem Sinn, so wie die Physik es betrachtet, bezeichnet das Wort „Materie" die Elementarteilchen. Man kann aber diesen Begriff ausdehnen und mit ihm, neben den Elementarteilchen, auch alle anderen aus diesen aufgebauten Objekte (Atome, Moleküle, Stoffe usw.) so bezeichnen. Ich werde das Wort „Materie" in diesem Kapitel im letztgenannten Sinn benutzen.

und den so hergestellten Stab als Werkzeug benutzt, um aus einem Ameisennest leckere Insekten hervorzuholen.

Komplexere physikalische Veränderungen wurden jedoch erst vom Steinzeitmenschen, vor ca. 2 Millionen Jahren, vollbracht, als er Steine zu splittern begann und auf diese Weise Werkzeuge (wie Beile) und Waffen (wie Speerspitzen) herstellte.

## 2) Die Mauer der Chemie

Diese Mauer ist schon viel höher und abweisender als die erste. Bei ihrer Überwindung werden die Eigenschaften der Materie verändert, Stoffe in andere Stoffe umgewandelt. Dabei werden nur die Elektronenhüllen der Atome, nicht aber ihr Kern berührt (vgl. Kapitel 2.4). Der Ansturm des menschlichen Geistes an die zweite Festungsmauer der Materie begann mit der Domestizierung des Feuers vor mindestens 400'000 Jahren. Anfänglich hat der Mensch das Feuer nur bewahrt. Erst später hat er gelernt, dieses selbst zu entfachen. Zwar ist das Feuer ein chemischer Prozeß[24], benutzt wurde es aber vom Menschen sehr lange Zeit nicht für chemische Zwecke, sondern nur, um sich zu wärmen, Fleisch zu braten oder wilde Tiere abzuschrecken. Viel später, wahrscheinlich durch Zufall, entdeckte er, daß unter Einwirkung von Feuer aus gewissen Gesteinen, aus den sogenannten Erzen, reine Metalle freigesetzt

---

[24] Feuer ist ein von Hitzeentwicklung und Licht begleiteter chemischer Prozeß, bei dem sich ein (brennender) Stoff mit dem Luftsauerstoff zu verschiedenen Verbrennungsprodukten verbindet.

werden können [25]. Die gezielte Herstellung von Metallen, aus denen Werkzeuge, Waffen und Schmuckstücke hergestellt wurden, begann vor ca. 6000 Jahren in der Bronze– und Eisenzeit. Damals hat der Mensch erstmals Chemie betrieben, natürlich noch ohne zu verstehen, was eigentlich dabei geschieht. Erst vom 2. Jahrhundert n.Z. an begann er, sich systematisch mit der Umwandlung der Materie zu beschäftigen. Aus dieser Tätigkeit erwuchs die Alchemie, die noch bis ins 17. Jahrhundert ausgeübt wurde. Die Alchemisten versuchten, die unterschiedlichsten Stoffe in Gold umzuwandeln, freilich ohne Erfolg. Doch sie sind dabei unabsichtlich auf wichtige Substanzen wie Phosphor oder Porzellan gestoßen.

Die moderne Chemie kam erst im 18. Jahrhundert auf. Heute ist die 2. Mauer der Beständigkeit der Materie vom Menschen vollständig überwunden. Der Mensch kann die Materie, wie ein Künstler die Tonmasse, beliebig formen und dabei Medikamente oder Sprengstoffe, Farbstoffe oder Kunststoffe herstellen.

### 3) Die Mauer der Kernphysik

Die dritte Festungsmauer liegt im Herzen der Materie, um den Atomkern herum. Der Atomkern besteht aus Elementarteilchen, Protonen und Neutronen, welche durch extrem starke Kernkräfte zusammengehalten werden. Dementsprechend ist diese Mauer um eine Million mal höher als

---

[25] Erze enthalten Verbindungen von Metallen mit anderen Elementen wie Sauerstoff oder Schwefel, aus denen unter Hitze, in Gegenwart eines Reduktionsmittels (wie z.B. Holzkohle), die freien Metalle freigesetzt werden können.

die vorhergehende. Dennoch konnte auch sie dem menschlichen Geist nicht standhalten. Im Jahr 1938 entdeckte der Physiker Otto Hahn, daß der Atomkern des Urans sich spalten lässt, wenn man ihn mit einem Neutron beschießt. Es entstehen dabei als Spaltstücke zwei kleinere Atomkerne und 3 Neutronen. Bei der Spaltung wird gleichzeitig ein Teil der Kernbindungsenergie -- eine enorm große Energiemenge -- freigesetzt. Da bei dieser Spaltung pro Uran-Atom mehr Neutronen (nämlich 3) entstehen als ursprünglich eingesetzt wurden (1), verbreitet sich die Atomspaltung spontan und rasch („Kettenreaktion"). Es wird immer schneller immer mehr Energie frei – es kommt zu einer gewaltigen Explosion. Die technische Entwicklung dieses Prinzips führte im August 1945 zu den ersten Atombomben, auf die japanische Städte Hiroshima und Nagasaki, und zum Tod von hunderttausenden Menschen. Man kann aber die Kernenergie auch für friedliche Zwecke benutzen. Dies geschieht in den Kernreaktoren, in denen man mit Hilfe von geeigneter Kühlung und von Neutronenfängern (z.B. Graphit) dafür sorgt, daß die Zahl der im Reaktor befindlichen Neutronen konstant bleibt. Doch das Risiko einer Katastrophe, welches der Mensch bei der Überschreitung der 3. Schutzmauer der Materie auf sich nahm, ist gegenüber demjenigen der Chemie stark angestiegen. Denn das Risiko, das mit einem unbeabsichtigten Ereignis verbunden ist, hängt nicht nur von der Wahrscheinlichkeit des Eintretens, sondern auch von der Tragweite des Ereignisses ab. Und gerade die letztere ist bei der Kernspaltung sehr groß. So war es auch im Jahr 1986 in Tschernobyl, als die Explosion des dortigen Kernreaktors tausende Menschen tötete oder sie lebenslang zu Invaliden machte.

## 4) Die Mauer der Elementarteilchenphysik

Mit der Einnahme der ersten drei Schutzmauern der Materie wurde diese selbst durch den Menschen noch nicht besiegt. Denn die eigentliche Materie, die der Elementarteilchen, blieb weiterhin unberührt. Sie ist geschützt durch eine 4. Mauer, welche beinah unbezwingbar ist. Die Energie welche zu ihrer Überwindung erforderlich ist, entspricht, in Temperatur ausgedrückt, 10 Milliarden °Kelvin (Schwellentemperatur; vgl. Kapitel 2.3). Doch dem Menschen gelang das Unmögliche. In der zweiten Hälfte des 20. Jahrhunderts wurden riesige Teilchenbeschleuniger gebaut, in welchen die zur Bezwingung der 4. Mauer erforderliche Energiemenge – kurzzeitig - erzeugt werden kann. Unter diesen Bedingungen können Teilchen in andere Teilchen übergehen. Sie können, ähnlich wie beim Urknall, aus Energie entstehen und wieder zu Energie zerfallen. Damit hat der menschliche Geist die Beständigkeit der Materie vollständig überwunden und ist mit 14 Milliarden Jahren Verzögerung, wenn auch nur während des tausendsten Teils von Sekunden und jeweils nur auf wenige Teilchen beschränkt, neben Gott zum „Schöpfer" von Materie geworden.

**Zusammenfassung:**

Der Versuch, die Grenze „Beständigkeit der Materie" zu überwinden, kam dem menschlichen Geiste zunächst zugute. Durch das Erlernen der mechanischen Bearbeitung von Materie konnte er wertvolle Werkzeuge und später durch Entzünden des „chemischen Feuers" nützliche Stoffe beliebig herstellen. Doch damit war die Beständigkeit der Materie noch lange nicht überwunden. Erst als dem Mensch auch die Beherrschung des „atomaren Feuers" und dadurch die Spaltung der Materie und ihre Umsetzung zur Energie gelang, wurde diese Grenze richtig erschüttert. Mit dem Fallen dieser Grenzen wurde aber gleichzeitig ein enormes Zerstörungspotential frei, das bei Mißbrauch oder Mißgeschick den Menschen, der es freisetzt, auszulöschen droht.

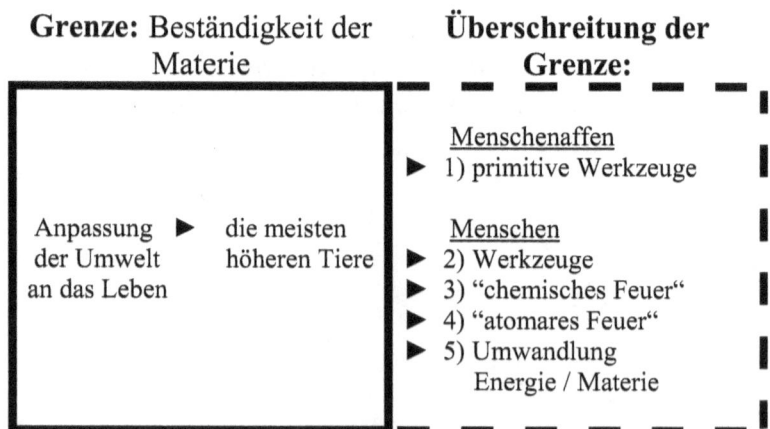

## 3.4 Weite des Raumes

Der Raum als Grenze ist nicht so kategorisch wie die Zeit. Während der Tod, unsere individuelle Zeitgrenze, stets als scharfe Linie gezogen wird, ist die Weite des Raumes eine elastische, dehnbare Grenze, welche vom Menschen beeinflußt werden kann. Von den drei Dimensionen des Raumes[26] hat die Länge, d.h. die Distanz, den größten Einfluß auf den Menschen.

Sehr lange blieb die Grenze „Raum" dem Menschen ein großes Hindernis. Nur selten, durch Not gezwungen (wie z.B. Hunger oder Klimawechsel), versuchte der Mensch, diese Grenze zu überqueren. Als der homo erectus, der „erste Mensch", sich vor ca. 1,5 Millionen Jahren, von Afrika aus, nach Asien und Europa zu verbreiten begann, mußte er zehntausende von Kilometern auf unwegsamem Gelände zu Fuß zurücklegen. Nicht anders war es bei den Ureinwohnern Amerikas, als sie vor etwa 30'000 Jahren, von Asien aus, über die Beringstraße ihren langen Marsch angetreten haben. Hingegen mußten die Ureinwohner Australiens bereits seetüchtige floß- oder katamaranähnliche Konstruktionen bauen können, um den schwierigen und gefährlichen Seeweg von Asien nach Australien zu bewältigen.

---

[26] Entsprechend der Relativitätstheorie gibt es keinen dreidimensionalen Raum für sich. Die drei Dimensionen des Raumes bilden zusammen mit der Zeit die Einheit der vierdimensionalen Raumzeit. Ohne Zeit gibt es keinen Raum und umgekehrt. Diese Tatsache spielt bei der Astronomie eine wichtige Rolle. Doch bleibt davon in unserem Alltagsleben die Anschauungsform des dreidimensionalen Raumes, in welchem alle Geschehnisse ablaufen, unberührt.

Die Grenze „Raum" war zwar dem Menschen auf der Erde nie unüberwindbar, doch während der allergrössten Zeit seiner bisherigen Entwicklung hoch genug, um die einzelnen Volksstämme voneinander zu trennen. Dies wurde zusätzlich begünstigt durch die damals noch zahlenmäßig geringe Erdbevölkerung (um 7000 v.Z. ca. 10 Millionen Menschen).

Hat die Grenze „Zeit" bewirkt, daß der menschliche Geist sich zu entfalten begann, garantierte die Grenze „Raum" getrennte Entwicklungen des menschlichen Geistes. So entstand eine große Vielfalt von Sprachen, religiösen Ritualen und Kunststilen.

Dieser geistige Differenzierungsprozess war bereits weit vorangeschritten, als im 3. Jahrtausend v.Z., der Mensch Mittel fand, die Grenze „Raum" leichter zu überwinden. Er domestizierte Reittiere wie Pferd und Kamel, erfand das Rad und lernte größere Schiffe zu bauen. Gleichzeitig begann er, Landwirtschaft zu betreiben und wurde dabei seßhaft. Aus den ursprünglichen Nomadenstämmen entstanden allmählich größere Staaten. Durch die erhöhte Mobilität wurde die Entwicklung des Menschen dynamischer. Die Völkerwanderungen setzten ein. Dabei haben sich Kulturen auf Kosten anderer verbreitet[27]. Dennoch, trotz dieser Umwälzungen und Veränderungen, bildete die Grenze „Raum" noch bis zum Ende des 18. Jahrhunderts ein ernsthaftes Hindernis, welches auf die innere Entwicklung der Kulturen stabilisierend wirkte.

---

[27] Außer der externen Gewalt gibt es natürlich auch wichtige interne Gründe, die zum Zerfall einer Kultur führen können.

Erst die technische Revolution brachte die Wende. In den letzten 200 Jahren hat der menschliche Geist immer wirksamere Mittel zur Überwindung der Grenze „Raum" erfunden. Zuerst kamen Eisenbahn, Dampfschiff und Telegraph, darauf folgten Auto, Propellerflugzeug und Telefon. Vorläufig letzte Station dieser Entwicklung sind Überschallflugzeuge, Raketen, Satelliten und Internet. Heute benötigt der Mensch weniger Zeit, um den Mond zu erreichen, als noch vor 200 Jahren für eine Reise von Deutschland nach Italien. Er überermittelt seine Botschaften nicht mehr mit der Geschwindigkeit eines Pferdes, sondern mit der des Lichtes.

Nachdem der Raum als Grenze auf der Erde endgültig überwunden war, wandte sich der menschliche Geist mit großer Euphorie dem Weltraum zu. 1969 landeten Neil Armstrong und Edwin Aldrin als erste Menschen auf dem Mond. Und 1983 verließ die Raumsonde Pioneer 10 das Sonnensystem, mit Botschaften der Menschheit an andere, möglicherweise anderswo im Universum existierende, intelligente Lebewesen. Doch dann wurde dem Menschen immer mehr bewußt, daß für ihn die Grenze „Raum", wenn man diese nicht nach irdischen Maßstäben betrachtet, unüberwindbar ist. Das Universum enthält Milliarden Galaxien wie unsere Milchstraße. Und in der Milchstraße allein sind mindestens 200 Milliarden Fixsterne wie unsere Sonne vorhanden. Den erdnächsten von ihnen, den Proxima Centauri, könnten wir bei der heutigen Geschwindigkeit der Raumflugkörper erst nach 100'000 Jahren erreichen.

Als Folge der Niederreißung der Grenze „Raum" auf der Erde trat die gegenwärtig voranschreitende Globalisierung der Menschheit auf. Was der hunderttausendjährige Differenzierungsprozess mühsam hervorbrachte, verschwindet rasch unter der Nivellierungswalze der Globalisierung. Von den Kulturen bleiben nur noch Touristenattraktionen, die das Geschäft beleben, übrig. Die den Völkern eigene Sprache kann sich nur noch im Alltag behaupten, in den Bereichen Technik, Wissenschaft, Wirtschaft und Kommunikation aber mußte sie bereits der universellen Sprache Englisch weichen. Und wie es in der Technik und den Wissenschaften schon lange der Fall ist, so spielt das Herkunftsland nun auch bei der zeitgenössischen Kunst kaum noch eine Rolle. Die Globalisierung hat natürlich nicht nur geistige, sondern auch wirtschaftliche Aspekte. Und hier hat sie, wenn auch unbeabsichtigt und relativ, auf die wirtschaftliche Entwicklung mancher ärmerer Länder der „Dritten Welt" einen teilweise positiven Einfluß .

**Zusammenfassung:**

Die Grenze „Weite des Raumes" begünstigte zunächst die separate Entfaltung der verschiedenen Sprachen und Kulturen. Solange der Mensch, mit eher einfachen Mitteln, diese Grenze nur mühsam überwinden konnte, wirkten die so entstandenen Kontakte auf diese Entwicklung befruchtend. Doch die Grenze „Raum" wurde durch den Menschen mittlerweile von der Erde in den Weltraum verschoben. Die Grenzenlosigkeit auf der Erde führt zur Globalisierung der Menschheit. Damit hört zwar die Tätigkeit des menschlichen Geistes nicht auf, nur weicht dessen Vielfalt einer Nivellierung.

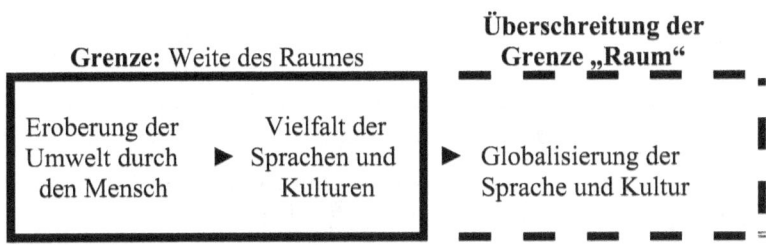

## 3.5  Begrenztheit der Ressourcen der Erde

1972 erschien ein Buch, welches die Menschheit aufrüttelte. Es war der Bericht des „Club of Rome" zur Lage der Menschheit und trug den Titel *Die Grenzen des Wachstums*. In diesem Buch haben namhafte Wissenschaftler aufgezeigt, daß das gegenwärtige exponentielle Wachstum der Weltbevölkerung und der Weltindustrieproduktion, wegen der Begrenztheit der Ressourcen und der Belastbarkeit der Umwelt, zu einer dramatischen Wende führen muß. Die Reserven der meisten der nicht regenerierbaren Rohstoffe (Mineralien, Brennstoffe) werden bis zum Ende des 21. Jahrhunderts verbraucht sein, und bei den regenerierbaren Rohstoffen (pflanzliche Rohstoffe, Lebensmittel, Wasser) werden die verfügbaren Kapazitäten den exponentiell ansteigenden Bedarf sehr bald nicht mehr decken können.

Obwohl dieses Buch jetzt 30 Jahre alt ist und gewisse damals veröffentlichte Zahlen heute korrigiert werden müßten, möchte ich einige seiner Angaben wiedergeben. Ob die Reserven eines bestimmten Rohstoffs schon nach 60 Jahren oder doch erst nach 90 Jahren erschöpft sein werden, spielt schließlich keine große Rolle.

## Metalle und Brennstoffe

| Rohstoffart | statischer Index[28] (Reserven in Jahren) | exponentieller Index[29] (Reserven in Jahren) |
|---|---|---|
| Aluminium | 100 | 55 |
| Chrom | 420 | 154 |
| Kupfer | 36 | 48 |
| Eisen | 240 | 173 |
| Molybdän | 79 | 65 |
| Nickel | 150 | 96 |
| Wolfram | 40 | 72 |
| Erdgas | 38 | 49 |
| Petroleum | 31 | 50 |
| Kohle | 2300 | 150 |

## Nahrungsmittel und Wasser

Die exponentielle Zunahme der Weltbevölkerung ist mit der Abnahme des bebaubaren Landes verbunden[30]. Die Autoren des Berichtes haben errechnet, daß der verfügbare Boden, bei der damaligen Wachstumsrate der Weltbevöl-

---

[28] Dieser Index gibt an, für wieviele Jahre die im Jahr 1970 bekannten Rohstoffreserven, bei der damaligen Verbrauchsrate, ausgereicht hätten

[29] Dieser Index gibt an, für wieviele Jahre die im Jahr 1970 bekannte Rohstoffreserve bei einem exponentiellen Wachstum des Verbrauchs, bei angenommener 5 facher Menge der bekannten Reserven, ausreichen würde

[30] Bei dieser Annahme spielen, neben der Bevölkerungszunahme, die Industrialisierung, die Urbanisierung und vor allem wirtschaftliche Gründe eine Rolle.

kerung (welche auch heute unverändert andauert), selbst bei einer Vervierfachung der Produktivität, nur bis zum Jahr 2040 zur Ernährung der Menschheit ausreicht[31]. Ähnliches wie für die Nahrungsmittel gilt auch für die Süßwasserversorgung. Die Weltbevölkerung nimmt exponentiell zu, die Menge des jährlichen Niederschlages ist aber konstant. Zudem verlieren viele wichtige Grundwasserspeicher dramatisch an Kapazität. Der Tschadsee ist heute, im Jahr 2002, zehnmal kleiner als noch vor 30 Jahren. Der Aralsee droht, wegen der Umleitung des Amudarja, auszutrocknen. Der Ogallala, der größte fossile Grundwasserspeicher der USA, verliert 12 Milliarden Kubikmeter Wasser jährlich. Bereits heute leben Menschen in dreizehn Ländern mit weniger als 10 Liter Wasser pro Tag, inkl. Landwirtschaft (in Deutschland sind es 130 Liter pro Tag). Andererseits ist zu vermerken, daß die bestehende Wasserknappheit oft auf organisatorische oder Kapitalmangel zurückzuführen ist, wie etwa in Afrika, wo nur 4% der vorhandenen Süßwasserreserven genutzt werden.

Daß die Rohstoffe der Erde begrenzt sind und nach einer bestimmten Zeit durch den Menschen verbraucht sein werden, ist eine unvermeidliche Tatsache. Die Geschwindigkeit der Bevölkerungs- und Produktionszunahme hat lediglich darauf Einfluß, wie bald dieser Fall eintreten wird, d.h. wieviel Zeit dem menschlichen Geist noch zur Verfügung steht, um einen Ausweg zu finden. Die Situation, in der wir uns befinden, ist also kritisch, aber nicht hoffnungslos, weil wir die Lösung, die uns helfen könnte, schon kennen: Die Nutzbarmachung der Sonnenenergie.

---

[31] Allerdings gäbe es in Südamerika und südlich der Sahara riesige Landflächen, die, wenn genügend Kapital dafür vorhanden wäre, urbar gemacht werden könnten.

Diese Alternative ist ebenso naheliegend, wie zwingend. Die Sonnenenergie ist die einzige Energiequelle, die auf lange Sicht das Energieproblem des Menschen lösen kann, und dies ohne jegliche Umweltbelastung. Die Sonne strahlt jährlich eine Energie von $7,1 \times 10^{17}$ kWh auf die Erde. Man müßte nur knapp 0,02% dieser Energie verwerten, um den gegenwärtigen jährlichen Primärenergieverbrauch der Menschheit zu decken. Würde die Menschheit diese unversiegbare Energiequelle nützen, könnten auch alle anderen Ressourcen-Probleme gelöst werden. Dank unseres chemischen Know-how könnten Rohstoffe regeneriert oder durch geeignete neue Kunststoffen ersetzt werden. Man könnte Meerwasser in uneingeschränkter Menge entsalzen, die Wüsten urbar machen und somit fast alle Ernährungsprobleme lösen. Die so erzielten Errungenschaften würden sich natürlich auf den Wohlstand der Weltbevölkerung, vor allem auf den der Entwicklungsländer, positiv auswirken. Und diese Entwicklung würde sich, ähnlich wie es bei den Industrienationen bereits geschehen ist, in einem Rückgang der Bevölkerungszunahme niederschlagen, wodurch sich der Lebensstandard in diesen Ländern zusätzlich bzw. rascher verbessern würde.

Die Nutzbarmachung der Sonnenenergie ist heute keine Utopie mehr, welche sich auf die Warmwasserversorgung einiger Vorstadthäuschen beschränkt. Es sind in der Welt bereits zahlreiche Sonnenkraftwerke im Betrieb. Allerdings ist man von einer globalen, industriellen Nutzung der Sonnenenergie noch weit entfernt. Dazu müßte die Suche nach neuen innovativen Lösungen (z.B. Installation riesiger Sonnenkollektoren im Weltraum) und die Weiterentwicklung der Speicherung und Übertragung der Sonnenenergie viel intensiver und rascher als zur Zeit, vorangetrieben werden. Doch kein Unternehmen ist bereit, das hierfür erforderliche hohe Investitionskapital aufzubringen, wenn in der gleichen Zeit die „Konkurrenten" Erdöl, Erdgas oder Kohle am Weltmark wesentlich billiger zu haben sind. Solange Sonnenenergie nicht großtechnisch verwertet wird, bleibt sie teurer als andere Energiequellen, und solange sie teurer ist als diese, wird sie großtechnisch nicht genutzt. Dieser Teufelskreis wird erst dann durchbrochen werden,, wenn die klassischen Energieressourcen erschöpft sind. Bis dahin werden die fossilen Rohstoffe, welche hunderte von wertvollen Grundstoffen für die chemische Industrie enthalten, als billige Brennstoffe unwiederbringlich verschwendet sein.

Wir Menschen haben zwar eine Vernunft, die uns befähigen würde, vorauszudenken und -zuhandeln. Wir bleiben dennoch lieber der Millionen Jahre alten Erfahrung unserer Vorfahren treu und reagieren erst, wenn die Not da ist. Und diese Not hat sich, bei demjenigen Teil der Menschheit, welcher die Möglichkeit zu handeln hätte, noch nicht bemerkbar gemacht. Trotz dieser entmutigenden Mißstände und Verzögerungen bleibe ich optimistisch. Ich glaube daran, daß der menschliche Geist die Sonnenenergie, wenn auch erst unter dem Druck der Umstände, eines Tages domestizieren wird und mit ihrer Hilfe die Grenze der natürlichen Ressourcen und somit auch den Hunger auf der Erde überwinden kann.

**Zusammenfassung:**

Die Ressourcen der Erde schienen noch vor 200 Jahren unerschöpflich zu sein. Dementsprechend wurden die Naturschätze durch den Menschen rücksichtslos geplündert, was zwar zu einer beispiellosen Zunahme des Wohlstandes in den Industrieländern, gleichzeitig aber zu einer dramatischen Abnahme der Rohstoffreserven auf der Erde führte. Heute wissen wir, daß die Grenzen der natürlichen Ressourcen in absehbarer Zeit überschritten sein werden. Dies wird katastrophale Folgen haben, wenn es dem menschlichen Geist nicht rechtzeitig gelingt, die alte Grenze durch eine neue zu ersetzen. Eine solch neue, praktisch unendlich weit hinausgeschobene Grenze wäre die globale Nutzbarmachung der Sonnenenergie.

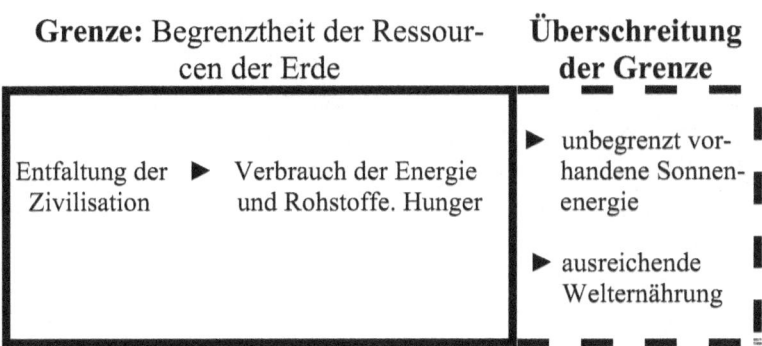

## 3.6 Begrenztheit des „Ich"

Jedes menschliche Empfinden und Erkennen ist individuell. Im Zentrum des Individuums steht das Ich-Bewußtsein. Alle großen kulturellen, wissenschaftlichen und technischen Errungenschaften hat der Mensch letzten Endes seinem Ich-Bewußtsein zu verdanken. Doch für all das muß er einen Preis zahlen. Der Mensch wurde durch sein Ich-Bewußtsein von der übrigen Welt isoliert, das nur „von innen heraus" durch das Individuum erlebt werden kann. „Von außen her", durch andere Menschen, ist es direkt nicht zugänglich. Wir können, was der Andere fühlt, nur durch Analogieschlüsse vermuten oder uns nach seiner Schilderung vorstellen. Direkt erleben können wir es nicht. Unser Ich-Bewußtsein wirkt wie eine Grenze, die jeden Menschen von der übrigen Welt isoliert. Dies ist eine schmerzhafte Erfahrung, welche uns in unserem Unbewußten tief berührt und beschäftigt. Tiere und Kleinkinder kennen dieses Gefühl nicht. Sie sind noch eins mit ihrer Umwelt [32]. Der Mensch versucht deshalb, die Grenzen seines geistigen Gefängnisses zu überwinden. Es gibt dafür verschiedene Methoden mit unterschiedlicher Wirksamkeit. Die Vereine z. B. erfüllen eine solche Aufgabe. Intensivere Gefühle der Grenzüberschreitung erlebt das Individuum, wenn es Teil einer Masse wird. Solche Massen können sich spontan, wie z.B. bei einer politischer Demonstration, bilden, können aber, was heute viel öfter geschieht, künstlich herbeigeführt werden. Fußballspiele oder Popkonzerte dienen solchen Massenbildungen und helfen, Grenzsituationen zu erzeugen, wo einsame Individuen sich vorübergehend vereinen können, als hätten sie

---

[32] Ein menschliches Kind reagiert erst mit zwei Jahren positiv bei dem in der Fußnote 36) geschilderten Experiment.

„eine gemeinsame Seele". Neben dieser Art von „Fluchtversuchen" gibt es auch weniger harmlose Methoden wie Drogenkonsum oder Sexorgien zur „Erweiterung" des Ich-Bewußtseins. Doch alle diese Versuche sind letzten Endes unzureichend, die Grenzen unseres Ich zu erweitern. Sie lassen für kurze Zeit die Grenzen vergessen, doch diese existieren indessen unberührt weiter.

Wirklich überwunden werden können die Grenzen des Ich nur durch die Liebe. Sie ist kein Objekt, das man besitzen kann, sondern ein geistiger Prozeß. Sie ist eine ständige, idealerweise ein Leben lang andauernde, Annäherung zwischen zwei „Ichs", bei der die Grenzen zwischen „Ich" und „Du" immer mehr verschwinden. Nun sind aber unsere Gefühle, die durch unsere Begrenztheit entstehen, ambivalent. Einerseits wirkt die Trennung von den anderen quälend, andererseits dienen Grenzen gegenüber anderen auch dem Schutz des „Ich". Diese Paradoxie kann nur im Rahmen von Liebe aufgelöst werden. Nur dort entsteht allmählich, durch gegenseitige Achtung und Zuneigung, ein optimales Gleichgewicht zwischen den alten „Ich"-Grenzen (die weiterhin die Identität des Individuum gewährleisten) und der neuen, erweiterten, gemeinsamen „Wir-Grenze" (welche die Isoliertheit des Individuums aufhebt). So geht in der Liebe das „Ich-Bewußtsein" in ein „Wir-Bewußtsein" über. Das bisher Gesagte bestätigt nur die allgemein verbreitete Einsicht, daß nicht jede Liebe mit Sexualität gekoppelt sein muß resp. daß nicht jede sexuelle Beziehung gleich Liebe bedeutet. Andererseits besteht aber der Mensch aus Körper und Geist, weshalb die Liebe ihre höchste Stufe bei gleichzeitiger Überwindung der körperlichen und geistigen Grenzen erreicht.

**Zusammenfassung:**

Der Mensch kann seine durch das Ich-Bewußtsein bedingten Grenzen wirksam und dauerhaft nur durch die Liebe überwinden.

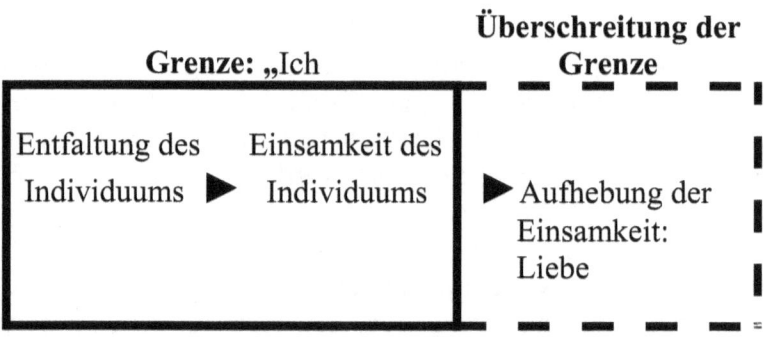

## 3.7 Begrenztheit menschlichen Erkennens

Unsere Möglichkeit, die Welt zu erkennen, ist begrenzt. Zunächst einmal können wir bei der Wahrnehmung unserer Umwelt mit unseren Sinnesorganen nur einen kleinen Teil der an uns herankommenden Signale erfassen. So nehmen wir zum Beispiel mit unseren Augen von dem gesamten elektromagnetischen Strahlungsspektrum nur einen schmalen Bereich, die Wellenlängen zwischen 400 und 800 mµ als sichtbares Licht wahr. Und selbst von den an uns herankommenden sinnlich wahrnehmbaren Signalen wird nur ein kleiner Bruchteil von unserem Bewußtsein registriert. Der Rest wird von unserem Gehirn, ohne daß wir darüber je etwas erfahren, als unwesentlich ausgesondert.

Zudem können wir die von uns empfangenen Signale, nur innerhalb bestimmter Grenzen in das umsetzen, was wir dann als Wirklichkeit wahrnehmen. Um bei dem Sinnesorgan Auge zu bleiben: Wir sehen im erwähnten Wellenlängenbereich die Gegenstände nur deshalb so, wie wir sie sehen, weil die Optik unseres Auges ein ganz bestimmtes Auflösungsvermögen hat. Nehmen wir als Beispiel einen Holztisch und nehmen wir weiter an, daß wir das Auflösungsvermögen unseres Auges regulieren und es beliebig steigern könnten. In einem solchen Fall würden sehr schnell die vertrauten Konturen unseres Holztisches verschwinden und an ihre Stelle Stränge von Holzfasern treten. Dieses Bild würde aber so auch nicht lange verbleiben. Plötzlich würden, wie im Dschungel, ineinander verschlungene riesige Ketten von Lignin-Polymeren erscheinen. Bald würden wir aber nur die Phenoläther-Moleküle erkennen können, aus denen Lignin aufgebaut ist. Wir steigern nun das Auflösungsvermögen unseres Auges weiter. Jetzt sind auch die Moleküle verschwunden, und wir sehen nur noch die einzelnen Kohlenstoff-, Wasserstoff- und Sauerstoff-Atome. Zum Schluss bleiben von der Wirklichkeit unseres Tisches nur Wolken von Elementarteilchen (Neutronen, Protonen und Elektronen) übrig. Und selbst diese Elementarteilchen sind nicht das, wofür wir sie intuitiv halten, die kleinsten „stofflichen" Teile der Welt. Die Physik hat uns schon längst gezeigt, daß Elementarteilchen eigentlich nur mathematisch definierbare Prozesse der Energie sind. Daß wir in unserem Beispiel die Gesamtheit dieser Prozesse als "den Tisch" wahrnehmen, haben wir dem begrenzten Auflösungsvermögen unseres Auges und der speziellen Art der Abstraktion in unserem Gehirn zu verdanken. Natürlich bleibt dieses Endergebnis nicht auf das Objekt Tisch beschränkt.

Alle von uns wahrgenommenen Objekte, leblose und belebte, sind nur Erscheinungsformen einer jenseits der Grenze unserer Wirklichkeit liegenden, uns unzugänglichen Realität.

Es stellt sich nun die Frage, wie würden wir unsere Welt sehen und erleben, wenn unser Erkennungsvermögen nicht durch die ihm auferlegten Grenzen limitiert wäre? Auf diese Frage eine Antwort zu erwarten, wäre aber ein Widerspruch in sich; denn das würde ja die Überwindung dieser Grenzen erforderlich machen – ein Umstand den der Philosoph Ludwig Wittgenstein so beschrieb:

„Wenn man über die Grenze des Denkens nachdenken will, muß man imstande sein, die Grenze von der anderen Seite zu sehen, man muß also das Undenkbare denken."

## Zusammenfassung:

Man kann vermuten, daß wir bei Verschiebung der Grenzen unseres Erkenntnisvermögens die Welt und uns selbst ganz anders wahrnehmen würden als wir es jetzt tun. Im extremen Fall, wenn diese Grenzen völlig aufgehoben wären, bliebe möglicherweise nur die Energie, d.h. nur die bloße Möglichkeit unserer Welt, und somit auch unserer selbst übrig. Anders ausgedrückt: Wir erkennen unsere Welt nur dank der Begrenztheit unserer Erkenntnisfähigkeit. Es ist unser Glück (oder von einer höheren Vernunft so eingereichtet?), daß diese Grenze für den menschlichen Geist unüberwindbar bleibt.

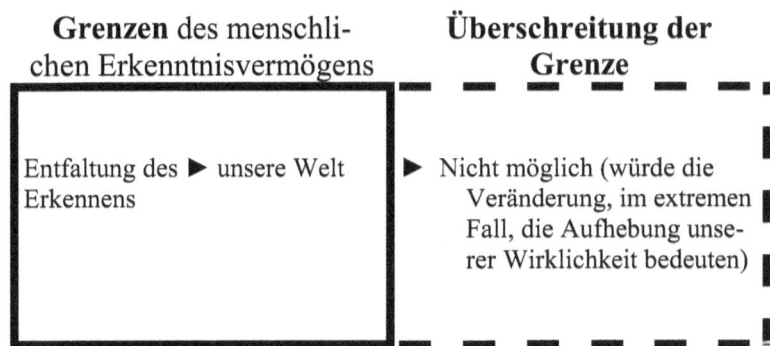

## 4. Die vom menschlichen Geist selbst aufgestellten Grenzen

In diesem Kapitel wird die Besprechung der unzähligen, durch den menschlichen Geist erschaffenen Grenzen auf folgende, mir als besonders wichtig erscheinende Themen, beschränkt:

1. Allgemeines über den menschlichen Geistund seine Beziehung zu Grenzen

2. Grenzen in der Religion

3. Grenzen in der Kunst

4. Grenzen in der Wissenschaft

5. Persönliche Grenzen des Individuums

6. Soziale Grenzen des Individuums

## 4.1 Allgemeines über den menschlichen Geist und seine Beziehung zu Grenzen

Es gibt kaum einen anderen Begriff, der mit dem Menschsein so eng verbunden ist wie der „menschliche Geist". Trotzdem, oder gerade deshalb, ist völlig unklar, was er ist und ob er überhaupt existiert.

Zum einen sind im Sprachgebrauch die Grenzen zwischen den Begriffen „menschlicher Geist" und „(Ich-)Bewusstsein" unscharf, beide Worte werden sehr oft als Synonym benutzt. Zum anderen bestehen in der „Fachwelt" völlig unterschiedliche Meinungen darüber, was menschlicher Geist ist. Die *Materialisten*, zu denen noch immer der größere Teil der heutigen Philosophen gehört, leugnen im Grunde die Existenz des menschlichen Geistes oder des Bewusstseins. Sie versuchen, diese Begriffe zu eliminieren, indem sie diese reduktionistisch auf tiefere Ebenen der Wirklichkeit, auf etwas Physisches oder Materielles, zurückführen. Im Gegensatz dazu trennen die *Dualisten* das Geistige vom Materiellen. Ihre Auffassung geht auf den französischen Philosophen Descartes zurück. Ein bekannter Anhänger dieser Auffassung in unserer Zeit war der Hirnforscher und Nobelpreisträger John C. Eccles. Er war nicht nur von der Existenz des menschlichen Geistes überzeugt, sondern glaubte an seine Verbindung mit Gott, und an eine Weiterexistenz nach dem individuellen Tod [33]. Eine mittlere Position zwischen diesen beiden extremen Haltungen nimmt der Hirnforscher Gehrhard Roth ein, der für einen *nicht-reduktionistischen Physikalismus*

---

[33] Karl Popper, John C. Eccles: *Das Ich und sein Gehirn*, R. Piper Verlag, 1982

plädiert [35]: Der Geist könne als ein eigene Gesetzmäßigkeiten aufweisender physikalischer Zustand angesehen werden, der nicht auf neuronale Zustände reduziert werden könne. Eine vergleichbare Auffassung hat Roger Penrose, einer der führenden Astrophysiker unserer Zeit. Auch er bekennt sich zur Existenz des „menschlichen Geistes" und hält ihn für ein Phänomen, das grundsätzlich innerhalb der Physik liege, jedoch mit der *heutigen Physik* nicht erklärbar sei. In seinem Buch „*Shadows of the Mind*" („*Schatten des Geistes*") schlägt er für das Entstehen und Wirken des menschlichen Geistes ein völlig neuartiges, quantenmechanisches Modell vor [34]. Diese wenigen Beispiele zeigen bereits, dass der Gebrauch des Begriffes „menschlicher Geist" subjektiv behaftet ist. Nach meiner persönlichen Meinung setzt zwar der menschliche Geist ein Ich-Bewusstsein und ein intentionales Denken voraus, ist aber mehr als dieses. Denn auch Tiere können zielgerichtet denken, und sie zeigen, zumindest bei den Menschenaffen, eine einfache Form des Ich-Bewusstseins [36]. Es gibt aber eine Eigenschaft des menschlichen Geistes, welche nur für den Menschen charakteristisch ist und bei keinem anderen Lebewesen vorkommt: Die Fähigkeit zur Transzendenz, zur Überschreitung von Grenzen. Diese Eigenschaft setzt zwar das Zusammenspiel von Milliarden Gehirnzellen voraus, kann aber aus diesem, gemäß dem Prinzip: „Das Ganze ist mehr als die Summe seiner Teile" nicht restlos

---

[35] Gerhard Roth: *Das Gehirn und seine Wirklichkeit*, Suhrkamp Verlag, 1994

[34] Roger Penrose: *Schatten des Geistes*, Spectrum Verlag, 1995

[36] Menschenaffen wie Gorillas oder Schimpansen zeigen in ersten Ansätzen ein einfaches Ich-Bewusstsein. Darauf deutet ein bekanntes Experiment, bei dem Gorillas einen an ihrer Stirn angebrachten weißen Fleck mit ihren Händen abzureiben versuchten, sobald sie sich in einem Spiegel erblickten.

erklärt werden. Diese völlig neuartige Eigenschaft des menschlichen Geistes liegt aber im Rahmen der Evolution und hat nicht mehr Mystisches an sich als das Leben oder die Existenz des Universums überhaupt. Ich teile also nicht die Meinung, dass der menschliche Geist, sozusagen ausserhalb der Evolution existiert und jeweils bei der Geburt des Menschen in ihn eingepflanzt wird. Der Mensch wird wohl mit einer Erbanlage für den Geist geboren, sein Geist wird aber allmählich, im Verlauf der Entwicklung des Kleinkindes entfaltet. Kinder, die nicht ein Minimum der erforderlichen Zuwendung und Kommunikation mit ihrer Umgebung erfahren, können ihren Geist nur mangelhaft entwickeln. In den schlimmsten Fällen bleiben sie auf der Stufe der „Kreatur" stehen. 1922 hat man in der Nähe eines indischen Dorfes zwei junge Mädchen gefunden, die in einem Wolfsrudel, außerhalb der menschlichen Gesellschaft, aufgewachsen waren. Als man die beiden „befreite", hatten sie völlig ausdruckslose Gesichter und konnten natürlich nicht sprechen. Sie liefen ausschließlich und schnell auf vier Beinen, aßen nur Rohfleisch und waren nachts aktiv. Nach ihrer Trennung von den Tieren fielen sie in Depression, und das jüngere starb bald. Das ältere Mädchen lebte noch zehn Jahre. Es lernte, außer einigen Wörtern, nicht mehr sprechen und nach Aussage seiner Betreuer gewann es nie mehr eine menschliche Ausstrahlung.[37]

Der menschliche Geist kann nicht nur Grenzen überschreiten, sondern auch neue errichten. Nur ein Teil dieser Grenzen, wie z.B. Strafgesetze oder gesellschaftliche Grenzen, sind nach außen gerichtet. Am häufigsten werden Grenzen vom menschlichen Geist jedoch durch seiner

---

[37] MacLean: *The Wolf Children,* New York, 1977

Denktätigkeit gezogen. Im Gegensatz zu den starren und stabilen Grenzen der Materie (der Elementarteilchen, der Atome oder der Moleküle) sind geistige Grenzen in höchstem Maße flexibel und unstabil. Sie fliessen wie die Grenzen der Wolken. Allerdings gibt es zwei wesentliche Unterschiede. Die Grenzen der Wolken sind Ergebnis eines chaotischen, unkontrollierbaren Systems. Ihr Verlauf ist zufallsbestimmt. Demgegenüber sind geistige Grenzen das Resultat eines zielgerichteten Strebens. Der zweite Unterschied besteht in der Geschwindigkeit der Grenzziehung. Die Geschwindigkeit mit der unser Geist bei seiner Tätigkeit Grenzen zieht, verschiebt und durch Neue ersetzt, liegt teilweise im nahen Bereich der Lichtgeschwindigkeit und ist somit unvergleichbar schneller, als selbst durch stürmischte Wetterbedingungen aufgetretene Veränderung der Wolkengrenzen. Dies ist kein quantitativer, sondern ein qualitativer, fundamentaler Unterschied zwischen materiellen und geistigen Grenzveränderungen, da gemäss Relativitätstheorie, in der Nähe der Lichtgeschwindigkeit keine Materie und folglich keine materiellen Grenzveränderung existieren können.

Die Ziehung von (geistigen) Grenzen ist einer der wichtigsten Instrumente des menschlichen Geistes. Wenn wir beispielsweise denken, etwas überlegen, dann greift unser Geist sich aus den unzähligen Denkmöglichkeiten jeweils eine ganz bestimmte heraus und „grenzt" alle anderen aus. Er prüft im Rahmen dieser Grenze, ob der so entstehende Gedanke sinnvoll ist und sich mit den bisherigen Erfahrungen vereinbaren lässt. Im negativen Fall wird der Gedanke verworfen und die Suche mit Hilfe neuer Grenzen fortgesetzt. Im positiven Fall aber wird sie in unser Denken integriert. So kann sich der menschliche Geist mit

Hilfe von Grenzen gewissermaßen sich selbst und seine Umwelt aus der Möglichkeit heraus konstituieren. Die ganze Erziehung eines Kleinkindes – die Lebensphase also, in der sich der menschliche Geist erst entfaltet -- besteht zu einem großen Teil aus dem Kennenlernen und Verinnerlichen von Grenzen. Aber auch in späteren Jahren, bleibt jede geistige Tätigkeit mit der Aufstellung und Überschreitung von Grenzen verbunden. Religion, Kunst, Wissenschaft sind letzten Endes verschiedene Methoden des menschlichen Geistes, Grenzen zu setzen und zu überschreiten. Und es ist klar, daß all diese Erzeugnisse des menschlichen Geistes wieder auf ihn zurückwirken und seine Entwicklung beeinflussen.

Diese gegenseitige Wechselbeziehung zwischen Grenze und Geist wird durch die Lithographie „Zeichnen" des holländischen Meisters M. C. Escher wunderbar veranschaulicht:

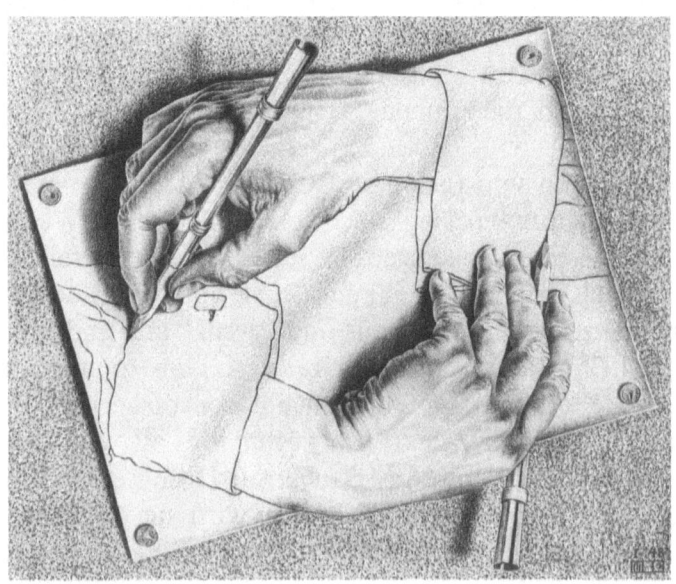

## 4.2 Grenzen in der Religion

Alle Religionen enthalten geistige Grenzen, welche den Rahmen der Schöpfung abstecken bzw. die Normen des sittlichen, moralischen und sozialen Verhaltens der Menschen innerhalb dieses Rahmen vorschreiben. Die Rolle der religiösen Grenzen möchte ich am Beispiel der jüdischen Religion zeigen, wo die Rolle der Grenzen besonders ausgeprägt ist.

Das Credo des Judentums ist das Bekenntnis zu einem einzigen, geistigen, d.h. völlig gestaltlosen Schöpfer Gott. Dieses Bekenntnis ist 4000 Jahre alt und geht bis auf Abraham, Stammvater des Judentums, zurück. Die vornehmste Aufgabe des Judentums besteht, nach jüdischem Selbstverständnis, im Hochhalten und in der Verteidigung dieser Idee. Wie konnte aber dieses neue, durch das kleine Hirtenvolk der Hebräer getragene monotheistische Gottesbild in einer Zeit bestehen, in der die Religionen ausschließlich durch Götter und Götzendienst beherrscht wurden? Der Einfluß der es umgrenzenden mächtigen Hochkulturen, wie z.B. der ägyptischen oder der babylonischen, auf die Hebräer war doch erdrückend! Israel brauchte Grenzen, die es vor dieser Übermacht schützten.
Die Völker der Antike, aber auch die der späteren Zeiten, errichteten zu ihrer Verteidigung mächtige Verteidigungsmauern. Diese physikalischen Grenzen haben jedoch früher oder später versagt. Die Verteidigungsstrategie des Judentums beruhte auf geistigen Grenzen, welche, wie die Geschichte erwies, wesentlich wirksamer waren als jene anderen. Der große Philosoph und Mathematiker Blaise

Pascal schrieb vor 350 Jahren in seinem Buch „Gedanken" über das Judentum:

".... Dieses Volk ist nicht nur durch sein Alter beachtlich; sondern es ist auch einzigartig durch seine Dauer, die von ihrem Ursprung bis heute ununterbrochen gewährt hat. Denn während die Völker Griechenlands, Italiens, Spartas, Athens, Roms, und die anderen, die nach ihm gekommen sind, schon lange zugrunde gegangen sind, besteht dieses noch immer. Und den Anschlägen so vieler mächtiger Könige zum Trotz, die hundertmal versucht haben, es zu vernichten, wie ihre Geschichtsschreiber es bezeugen, und was sich aus der natürlichen Ordnung der Dinge leicht erklärt, wenn man die Fülle der Jahre bedenkt -- blieben sie dennoch stets bewahrt (und diese Bewahrung war vorausgesagt); und indem sie von den ersten Zeiten bis zu den letzten bestehen, umschliesst ihre Geschichte mit ihrer Dauer die Geschichte aller anderen Völker ...[38]"

Diese Zeilen haben ihre Gültigkeit während den inzwischen verflossenen Jahrhunderten behalten, lediglich die Zahl "mächtiger Könige", die vergeblich versucht haben, das Judentum zu vernichten, hat inzwischen weiter zugenommen. Seine beinahe übernatürlich anmutende Widerstandskraft verdankt das Judentum einem Grenzsystem, welches aus den Gesetzen der Tora besteht.

Es ist wohl allgemein bekannt, daß das Leben der (religiösen) Juden durch zahlreiche Gesetze streng geregelt ist (es sind 613 Gesetze: 248 Gebote und 365 Verbote, wovon allerdings zahlreiche außer Kraft gesetzt sind). Die in der

---

[38] Blaise Pascal: *Gedanken*, Seite 187-188. Parkland Verlag 1997

(von Moses empfangenen) schriftlichen Tora oft nur in knapper Form stehenden Anweisungen wurden später im Talmud ausführlich diskutiert, interpretiert und als das verpflichtende Gesetz festgelegt. Diese Gesetze erstrecken sich praktisch auf alle Teile des Lebens. Sie sind Grenzen, welche die Freiheit eines Juden, der sie befolgt, stark begrenzen und von ihm in vielen Fällen Verzicht und Selbstdisziplin verlangen. Daher der unter religiösen Juden gebrauchte Ausdruck: „... das Joch der Tora zu tragen".
In unserer aufgeklärten, von der ratio beherrschten Gesellschaft neigen die Menschen (darunter auch viele Juden) dazu, in diesen Gesetzen bloß einen alten Zopf, eine unnötige Last zu sehen, die den modernen Menschen bei seiner freien Entfaltung nur behindern. Sie übersehen dabei die bereits vorher erwähnte existentielle Aufgabe dieser Gesetze: Sie dienten und dienen auch heute, als Schutz der jüdischen Idee eines einzigen, geistigen Gottes, gegenüber der „Welt der Götzen". Der Ägyptologe Jan Assmann beschreibt sie treffend [39]:

„Diese Grenze zwischen Ägypten und Israel ist nicht mit Wachtürmen und Zollschranken, sondern mit Begriffen und Ideen befestigt; sie verläuft im Raum der kulturellen Semantik und Erinnerung. Sie trennt nicht zwei Staaten, Völker und geographische Lebensräume, sondern zwei antagonistische Weltbilder, Sinnwelten und Lebensformen, in denen das Verhältnis von Gott, Welt, Mensch und Gesellschaft auf nicht nur verschiedene, sondern polar entgegensetzte Weise gedeutet ist ... So wird Ägypten zum Inbegriff des Heidentums. Dadurch erhält aber auch der

---

[39] Jan Assmann, „Israel und Ägypten – Grenzen auf der Landkarte der Erinnerungen", Beitrag im Buch: „Die Grenze", Hg. M. Bauer, Th. Rahn, Seite 91-102, Akademia Verlag, 1997

Begriff des Heiden eine gewisse inhaltliche Prägung, die ihm bis heute anhaftet. Ägypten ist das Land der Bildanbeter, Zauberer und Totenpriester. Für den Bilderdienst, wie ihn die Ägypter in exemplarischer Weise praktizierten, hat sich seit der Antike der Begriff Idolatrie (Götzendienst, Vergötzung) eingebürgert. Daher symbolisiert sich die Grenze in ihrer normativen Ausprägung dann auch in Gesetzen, welche die Verdammung der Idolatrie an die alleroberste Stelle setzen".

Die geistigen Grenzen, die von Israel zur Verteidigung seiner Gottesvorstellung aufgestellt wurden, richten sich nicht nach außen. Sie wollen nicht die „fremden Götter", insofern diese nicht das jüdische Volk direkt angreifen, bekämpfen. Der Missionsgedanke ist dem Judentum fremd. Die Grenzen der jüdischen Religion sollen nach innen wirken und den Fremdeinfluss auf das eigene Volk durch Stärkung seiner Abwehrkraft verhindern. Diese Aufgaben erfüllen die jüdischen Religionsgesetze *auf drei verschiedenen Wegen:*

### Wachhalten der Erinnerung
Bei der wundersamen Befreiung aus der 400-jährigen ägyptischen Knechtschaft und der darauffolgenden Übergabe der Tora an Moses hat sich G'tt vor Israel offenbart. Viele Gesetze der Tora sorgen dafür, daß dieses Erkennen nicht nur auf die damals lebende Generation beschränkt bleibt, sondern durch die Erinnerung bei allen kommenden Generationen wachgehalten wird:

„Und melden sollst Du deinem Sohn an dem selben Tage, sprechend: Um des willen, was ER mir tat, als ich ausfuhr von Ägypten."
(Moses II / 13:8; Übersetzung M. Buber, F. Rosenzweig)

„Es seien diese Reden, die ich heuttags dir gebiete, auf deinem Herzen, einschärfe sie deinen Söhnen, rede davon, wann du sitzest in deinem Haus und wann du gehst auf den Weg, wann du legst und wann du dich erhebst, knote sie zu einem Zeichen an deine Hand, sie seien zu Gebind zwischen deinen Augen, schreibe sie an die Pfosten deines Hauses und in deine Tore!"[40]
(Moses, V / 6: 4-9; Übersetzung M. Buber, F. Rosenzweig)

### Heiligung des (Alltags-)Lebens

Obwohl im Judentum das Geistige im Vordergrund steht, erfassen die Gesetze auch das „Triviale" und das „Sinnliche" des Alltags. Auch sie sind Bestandteile des Lebens und werden als solche voll akzeptiert. Entscheidend ist, daß sie durch die entsprechenden Vorschriften in der Religion integriert und dadurch geheiligt werden. So ist das Trinken von Wein, begleitet von dem zugehörigen Segensspruch, ein wesentlicher Bestandteil jüdischer Festtage. Selbst bei den armen Familien gehört wenigstens

---

[40] Dementsprechend ist in einem jüdischen Haus auf der rechten Seite des Einganges und aller Wohnungstüren die sog. Mesusa befestigt. Dies ist eine Kapsel, in welcher sich eine Pergamentrolle befindet. Darin wird den Juden ihre Pflicht, G'tt zu lieben und seine Gebote zu erfüllen, in Erinnerung gerufen.

am Sabbat und an Feiertagen eine womöglich festliche Mahlzeit auf den Tisch. Nach jeder Mahlzeit wird von der Familie ein Dankgebet gesungen, in dem G'tt gepriesen wird. Wie das Essen und Trinken wird auch die Sexualität durch die Gesetze der Tora erfaßt und bejaht:

„Wenn ein Mann ein neues Weib nahm, fahre er nicht in der Heerschar mit aus, nichts ergehe über ihn in irgendeinem Beding, ungestraft gehöre er seinem Haus ein Jahr lang, er erfreue sein Weib, das er genommen hat."
  (Moses, V / 24:5; Übersetzung M. Buber, F. Rosenzweig)

Die Gesetze sorgen dafür, daß Gott während des ganzen Tages immer im Bewußtsein eines frommen Juden wach bleibt. Er soll zweimal täglich in die Synagoge (zur Verrichtung des gemeinschaftlichen Morgen- resp. Nachmittags/Abend-Gebetes) gehen. Bei jeder Gelegenheit soll er, etwa wenn er getrunken oder gegessen hat, wenn er ein hohes Gebirge oder eine Wüste erblickt hat, wenn er ein neues Kleid anzieht oder ein neues Haus kauft, einen Segensspruch sagen. Darin soll er Gott dafür danken, daß Er diese Dinge erschaffen bzw. ermöglicht hat. Indem die Juden die Gesetze befolgen und den Alltag auf diese Weise heiligen, dienen sie Gott und legen ununterbrochen Zeugnis für Ihn ab. Die so entstehende allgegenwärtige Präsenz Gottes im Bewußtsein der Menschen, soll sie gegenüber „fremden Götzen" immun machen.

**Strenge Strafen bei Übertretung der Grenzen**
Als Sicherheit, wenn die erwähnten zwei Maßnahmen nicht greifen und jemand die von der Tora gezogenen Grenzen dennoch übertritt, schreibt die Tora strenge Strafen vor. Denn alles außerhalb diese Grenzen lag im Bereich der fremden Realität und Praxis benachbarter Völker. Dies mußte von Israel um jeden Preis ferngehalten werden. Götzendienst oder Aufruf dazu, Lästerung von Gottes Namen, Verletzung der Sabbatruhe, Mord, falsche Prophetie, Unzucht, Hexerei, Zauberei, Geisterglaube, all dies waren Strafdelikte, die nach den Gesetzen der Tora mit dem Tod bestraft wurden.

Doch hatten diese Maßnahmen eher symbolische als praktische Bedeutung, und sie spielten beim Überleben des Judentums bei weitem nicht so eine wichtige Rolle wie die anderen zwei Arten von Bestimmungen. Zunächst einmal wurden alle diese Strafgesetze bereits nach der Zerstörung des zweiten Tempels durch die Römer im Jahr 70 n.Z., also vor beinahe schon 2000 Jahren, außer Kraft gesetzt. Aber auch vorher, als sie noch gültig waren, wurden sie sehr selten angewendet. Ein Strafgericht, das in 70 Jahren ein einziges Todesurteil gefällt hatte, wurde damals bereits als ein „blutiges" bezeichnet.

Israel, das „auserwählte Volk", unterscheidet sich also nicht in seinen Eigenschaften, sondern nur durch die von Gott ihm auferlegten Grenzen von anderen Völkern. Es ist genau so schwach und für „Götzenanbetung" anfällig wie jene anderen, soll aber, durch Hilfe dieser Grenzen, seine Schwächen überwinden und den einzigen Gott erkennen.

**Zusammenfassung:**

Die Grenzen der Religion wurden, wie es das Beispiel des Judentums zeigt, nicht deshalb dem Menschen auferlegt, damit er durch sie das bleibt, was er ist, sondern damit er das wird, was Gott von ihm verlangt. Der „Mensch" wird erst durch Grenzen erschaffen. Diese Aufgabe können die Grenzen aber nur dann erfüllen, wenn sie nicht, wie es heute zunehmend geschieht, vom Menschen ignoriert werden.

**Grenze:** Religionsgesetze

| Entfaltung des Menschlichen Geistes | ▶ | „Mensch" |

**Möglichkeit**                  **Wirklichkeit**

## 4.3 Grenzen in der Kunst

Es gibt keinen Konsens darüber was Kunst ist. Jeder beschreibt das, was er unter Kunst versteht, anders. Kunst ist eben etwas subjektives und kann dementsprechend nicht so klar und objektiv definiert werden wie etwa die Frage, was Chemie sei. Nichtsdestoweniger gibt es ein gemeinsames Merkmal, auf dem alle Kunstwerke, unabhängig von ihrer Art und der Zeit ihrer Entstehung, beruhen: Die Abstraktion.

Abstraktion ist das Hervorheben des Wesentlichen resp. das Weglassen des Unwesentlichen. Dies bedeutet bei der gegenständlichen Kunst die Neugestaltung bestehender, bei gegenstandslose Kunst die Erschaffung neuer Grenzen.

So muß zum Beispiel der Künstler beim Malen eines Baumes vorerst mit zwei Problemen fertig werden. Er muß den dreidimensionalen Gegenstand „Baum" auf der zweidimensionalen Leinwand darstellen. Schon aus diesem Grund ist auch die „naturgetreueste" Malweise notwendigerweise mit Abstraktion verbunden. Darüber hinaus ist aber ein Baum kein Gegenstand mit eindeutiger, klarer Oberfläche. Er setzt sich aus einer Unzahl von Blättern und Ästen aus Baumstamm und Wurzelwerk zusammen. Alle diese Teile haben ihre Grenzen. In der Wirklichkeit besteht also der Baum aus einem unübersichtlichen Wirrwarr von Grenzen, aus welchen unser Gehirn durch Abstraktion eine erfaßbare Grenze synthetisieren muß. Diese schwierige Arbeit nimmt ihm der Künstler ab, der in seinem Gemälde die Wirklichkeit des Baumes zu einem Gebilde mit einer klareren, einheitlichen Grenze verdichtet. Auf welche Art die Verdichtung stattfindet, hängt vom Stil des Künstlers ab.

Dieser Stil ist nichts anderes als die Art des Vorgehens, Grenzen zu setzen, innerhalb derer der Künstler die Wirklichkeit sieht und erfaßt. Deshalb beeinflußt der Stil des Künstlers das Aussehen des entstehenden Kunstwerkes mindestens ebenso sehr wie es die objektive Beschaffenheit des dargestellten Gegenstandes tut.

Betrachten wir zum Beispiel die Bäume des holländischen Meisters Jacob van Ruisdael. Sein Stil ist durch die Kunstepoche des Barocks und durch seine Liebe zu der Landschaft seiner damals erst kurz zuvor von den Spaniern befreiten Heimat bestimmt. Dienten Bäume noch hundert Jahren zuvor, in der Zeit der Renaissance, eher als regelmäßige, dekorative Objekte bei der Hintergrundkulisse eines Bildes, so stehen sie jetzt bei Ruisdael in dessen Mittelpunkt. Sie sind auf der Leinwand zu lebendigen, dank meisterhafter Beherrschung der Licht-Schatten-Effekte, dreidimensional erscheinenden Lebewesen geworden. Sie wirken in gewisser Hinsicht noch „echter" als die Originale in der Natur, weil sie das Wesentliche, was uns bei den Bäumen so anzieht – Ruhe, Geborgenheit, Beständigkeit – ausdrücken.

Die Suche nach dem Wesentlichen in der Malerei wurde auch in den nachfolgenden Zeiten fortgesetzt. Paul Cézanne beispielsweise malte im 19. Jahrhundert Bäume (und auch andere Objekte) flach, ohne die dritte Dimension. Bei ihm wurden die Grenzen der Objekte auf die Grenzen der Farben reduziert. Aus dem Baum wurde ein vibrierendes Geflecht von hellen und dunklen Farbflächen. Eine weite-

re herausragende Persönlichkeit bei der Suche nach dem Wesentlichen in der Kunst war Piet Mondrian. Mit der Serie der „Bäume" von 1911-1913 hat er eine intellektuelle Auseinandersetzung mit der Natur eingeleitet, die er bis zu seinem Tod im Jahr 1944 konsequent fortgesetzt hat. Als Ergebnis dieser langjährigen Entwicklung wurden senkrechte und waagrechte durch die Leinwand verlaufende schwarze Linien (die „nackten Grenzen") immer mehr das eigentliche Gestaltungsmittel Mondrians. Durch sie wurde der Raum harmonisch aufgeteilt und das dabei entstehende Gitterwerk als farbige Abstufung des Raumes mit weiß, grau und mit den reinen Farben rot, blau und gelb gefüllt.
Als letztes Beispiel zum Thema „Baum und Grenze" möchte ich eine Ausstellung der Verpackungskünstler Christo und Jeanne-Claude auf dem Gelände der Fondation Beyeler in Riehen bei Basel, aus dem Jahre 1998, erwähnen. Die beiden Künstler haben dort in der Landschaft gewachsene einzeln stehende Bäume in graue Plastikfolien verschnürt. Dadurch wurden die unscharfen Grenzen der Bäume zu einer klaren architektonischen Grenze verdichtet, was zu einem verblüffenden künstlerischen Effekt führte.

Architektur ist überhaupt die Kunstgattung, in welcher wir die Bedeutung und Wirkung der Grenzen, d.h. des Baustils, am unmittelbarsten erleben können. Man denke nur an die Fassade einer gotischen Kathedrale und vergleiche sie mit derjenigen einer aus Beton erbauten modernen Kirche! Die Erste drückt das Leichte, das Geistige, das in Richtung Himmel Strebende aus. Die Zweite symbolisiert die Schlichtheit, das Rationale, welches trotzdem, oder gerade deshalb, dem Göttlichen dient.

Grenzen spielen aber auch außerhalb der bildenden Kunst, bei anderen Kunstarten, wie zum Beispiel der Musik, eine wichtige Rolle. Schon von ihrem äußeren Aufbau her gibt es zwischen den verschiedenen musikalischen Gattungen klare Grenzen, die etwa eine Sonate von einer Symphonie oder ein Oratorium von einer Oper unterscheiden. Bei den inneren Grenzen der Musik ist neben Rhythmus und Harmonie vor allem die Melodie von größter Bedeutung. Die Melodie ist ihrerseits vom dem Stück zugrunde liegenden Tonsystem bzw. einer Tonleiter abhängig. Während in großen Teilen Asiens die fünfstufige (pentatonische) Tonleiter benutzt wurde, hat sich im neuzeitlichen Europa die siebentönige (diatonische) eingebürgert. Diese wiederum teilt sich durch 24 Untergrenzen auf in 24 Tonarten (12 Dur- und 12 Moll-Tonarten) auf. Am Anfang des 20. Jahrhunderts wurde in der modernen europäischen Musik das zwölfstufige Tonsystem eingeführt. Bei dieser Art von Musik wird die Harmonie nicht mehr, wie bei der diatonischen Musik, auf ein durch die Tonalität (harmonische Beziehung von Akkorden zu einem Grundton) bedingtes Konsonanz-Dissonanz Verhältnis aufgebaut.Vielmehr werden hier neue Grenzen (Intervallstrukturen) eingeführt, die den inneren Zusammenhang im Stück herstellen und aufrechterhalten.

So wie es bei der Entwicklung der modernen Malerei geschah, versuchten die Künstler auch in der Musik, die Anzahl der Grenzen weiter zu reduzieren. Bei der zeitgenössischen statistischen oder seriellen Musik werden manchmal nur noch für umfangreichere Gruppen im Stück gewisse Strukturelemente, die sogenannten Parameter (Dauer, Tonmenge, Dichte z.B.) vorgeschrieben. Innerhalb der

Gruppen aber sind die Einzeltöne frei wählbar. Diese Art von Musik ist bereits mit der „Minimal Art" in der Malerei vergleichbar (in ihr kann z.B. eine unbemalte Leinwand als Kunstwerk gehängt werden) oder mit einem „Dada-Gedicht" in der Literatur (in dem die Wörter nach ihrem Klang, nicht aber nach ihrem Sinn benutzt werden).

Die von mir hier aufgeführten Beispiele haben bei weitem nicht alle Kunstarten und alle Grenzen in der Kunst erfaßt. Dennoch hoffe ich, daß sie ausreichen, um zu verdeutlichen, welche entscheidende Rolle Grenzen bei dem Entstehen von Kunstwerken spielen.

**Zusammenfassung:**

Es scheint, daß die Kunstgeschichte im wesentlichen die Geschichte der Entwicklung von künstlichen Grenzen ist. So lange dieser Prozeß in der Kunst weitergeht, wird Kunst existieren. Sie wird erst dann aufhören, Kunst zu sein, wenn der Mensch versucht, Kunst ohne Grenzen zu betreiben – wir befinden uns schon in der Nähe dieser „Grenze".

**Grenzen** setzen durch die Kunst

Erschaffung einer neuen,  Kunstwerk
künstlichen Wirklichkeit

**Möglichkeit**          **Wirklichkeit**

## 4.4 Grenzen in der Wissenschaft

Bei diesem Abschnitt geht es nicht um die *Grenzen der Wissenschaft*. Es geht also nicht um die Frage, ob die Wissenschaften, bei allen wichtigen Fragen der Menschheit nicht bereits an die Grenze dessen gelangt sind, was vom Menschen, unter Heranziehung wissenschaftlicher Beweisführung, noch beantwortet werden kann. Über diese sicher berechtigte Frage hat John Horgan ein ebenso informationsreiches wie unterhaltsames Buch geschrieben [41].

Hier geht es vielmehr darum, wie Grenzen die Arbeits- und Denkweise der Wissenschaften beeinflussen. Für die Tätigkeit der Naturwissenschaften könnte man die Metapher „Kampf um neue Erkenntnisse" benützen und dementsprechend, die drei dabei zu beobachtenden Grenzen, in militärischer Terminologie, folgendermaßen benennen:

- taktische Grenzen
- operative Grenzen
- strategische Grenzen

**Taktische Grenzen**

Ein Naturwissenschaftler, der in seinem Laboratorium Experimente durchführt, wählt dabei Grenzen. Diese Grenzen nennt man Randbedingungen. Solche Randbedingungen sind zum Beispiel bei einem chemischen Experiment die Temperatur, der Druck, die Konzentration, die Reaktionszeit oder die Acidität (Säuregehalt). In Kenntnis

---

[41] John Horgan: *An den Grenzen des Wissens*, deutsche Ausgabe. Luchterhand (1997)

der Grenzen seines Versuches kann der Forscher die erzielten Ergebnisse beliebig wiederholen, was ja die unabdingbare Voraussetzung jeder naturwissenschaftlichen Aussage ist. Darüber hinaus kann er die gewählten Grenzen in eine bestimmte Richtung verschieben, dabei die Auswirkung beobachten, und auf diese Weise seine Resultate optimieren.

**Operative Grenzen**

Der Naturwissenschaftler wählt die Versuchbedingungen seiner Experimente nicht blindlings. Er hat vorher eine gewisse Vorstellung zur Lösung des Problems entwickelt, die man eine Hypothese nennt. Eine Hypothese ist ein experimentell noch nicht erhärtetes Erklärungsmodell für ein Problem, welches jedem wissenschaftlichen Experiment zugrunde liegt. Es bildet die taktischen Grenzen in der Wissenschaft.

**Strategische Grenzen**

Aber auch die wissenschaftlichen Hypothesen entstehen nicht sozusagen im „luftleeren Raum", unabhängig von bereits bestehenden geistigen Grenzen. Sie stehen im Rahmen einer noch umfassenderen geistigen Grenze.

Diese Grenze hat Thomas Kuhn, in seinem berühmten Buch „Die Struktur wissenschaftlicher Revolutionen" (1962), mit dem Wort „Paradigma" bezeichnet. Ein Paradigma ist eine strategische Grenze des Denkens, welche die Denkweise der in jener Epoche lebenden Wissenschaftler bestimmt. Diese suchen, nicht frei von jedem Vorurteil, die „Wahrheit". Vielmehr versuchen sie, wenn sie ihre Hypothesen aufstellen, diese stets im Rahmen der durch die Paradigmen vorgegebenen Grenzen anzupassen. Es tauchen aber irgendwann einmal Anomalien auf, die nicht zu dem bestehenden Paradigma passen. Sie werden von den gewöhnlichen Wissenschaftler zunächst ignoriert oder mittels Hilfshypothesen in das bestehende Paradigma zu zwingen versucht, bis ein „außergewöhnlicher Wissenschaftler", ein Genie (wie Aristoteles, Newton, Darwin oder Einstein) kommt, der das bestehende Paradigma umstößt und durch ein Neues, besseres ersetzt. Von dem Moment an beginnen die „gewöhnlichen Wissenschaftler", ihre Hypothesen im Rahmen des neuen Paradigma aufzustellen.

**Zusammenfassung:**

Grenzen spielen in der Naturwissenschaften, ob taktisch als Versuchsbedingungen, operativ als Hypothesen oder strategisch als Paradigmen, eine fundamentale Rolle. Sie werden aufgestellt, korrigiert und überschritten. So entsteht naturwissenschaftlicher Fortschritt, so wird aus dem Chaos des Unbekannten eine Ordnung des Erkannten. Es gilt: Grenzen sind da, um überschritten zu werden. Doch die Erfolge und die dadurch entstehende Bedrohung in der Atomphysik, und ebenso die zu erwartende Veränderung bei Lebewesen durch die Molekularbiologie, mahnen uns zur größten Vorsicht. Denn diese neuesten Errungenschaften des menschlichen Geistes beinhalten ein nie dagewesenes Gefahrenpotential in sich, welches bei unbeabsichtigten oder beabsichtigten Fehltritten die Menschheit auszulöschen droht. Angesichts der Tragweite dieser Bedrohung ist hier eine sonst sehr hohe Sicherheit von 99.9% nicht mehr ausreichend!

**Grenzen** setzen bei der Erkundung der Umwelt

| Entfaltung objektiven Erkennens |  | Wissenschaftliche Erkenntnis |
|---|---|---|

**Möglichkeit**                    **Wirklichkeit**

## 4.5 Persönliche Grenzen des Individuums

Der Mensch besteht aus Körper und Geist und verfügt dementsprechend über *körperliche* und *geistige Grenzen*.

Die *körperlichen Grenzen* eines Individuums verlaufen an der Oberfläche seines Körpers. Sie erfüllen verschiedene Aufgaben. So hat z.B. unsere Haut, ein wichtiger Bestandteil dieser Grenze, nicht nur eine Schutzfunktion, sondern dient daneben der Atmung und dem Tastsinn. Vor allem ist aber die körperliche Grenze der Ort, wo das Individuum unmittelbar mit der belebten und unbelebten Außenwelt in Wechselwirkung steht. An dieser Grenze empfängt es Signale aus seiner Umwelt; die Außenstellen seiner Sinnesorgane Haut, Auge, Nase, Ohren und Mund sind alle auf dieser Grenze plaziert. Das gleiche gilt auch in den Gegenrichtung: Andere Lebewesen nehmen optisch das Individuum durch seine körperliche Grenze, durch dessen äußere Gestalt, wahr. Diese enthält schon bei der Tierwelt zahlreiche Botschaften wie Geschlecht, Alter, Stärke oder Warnsignale. Beim Menschen hat die Gestalt der körperlichen Grenze eine noch viel größere und nuanciertere Aussagekraft. Schon vor zweihundert Jahren hat der Schweizer Philosoph Lavater die verschiedenen Charaktere aus den Gesichtsformen abzuleiten versucht. Denn jeder Mensch hat eine individuelle, körperliche (und geistige) Grenze. Ganz unabhängig von der wissenschaftlichen Relevanz der Lavater'schen Theorie schließen wir im Alltag, bewußt oder unbewußt, vom äußeren Erscheinungsbild eines Individuums auf seine inneren Eigenschaften. Als wichtiger Faktor kommt der ästhetische Eindruck hinzu, die „Schönheit" der Grenze. Was man darunter versteht, kann niemand sagen, obwohl jeder sich auf diesem

Gebiet als Experte fühlt. Bereits einige Millimeter Verschiebungen beim Gesichtsknochen können hier in die eine oder die andere Richtung ausschlaggebend sein. Schöne Menschen haben unvergleichlich mehr Chancen als häßliche – eine brutale Ungerechtigkeit des Lebens! In unserer materiell orientierten Gesellschaft spielen die körperlichen Grenzen des Individuums eine unangemessen große Rolle. Schönheit und Jugendlichkeit sind die Attribute, mit denen man die beiden großen Ziele der Gesellschaft, Konsum und Leistung, am besten zu erfüllen glaubt. Dieser Trend wird durch die Werbe- und Mode-Branchen noch verstärkt. Die eigene körperliche Grenze wird heute vom Individuum selbst beeinflußt und manipuliert. Davon profitieren die unzähligen Fitnesscenter, Schönheitssalons, Schönheitschirurgen und (nach erfolgtem Eingriff) die Psychiater. Eine indirekte Methode zur Manipulierung der körperlichen Grenzen besteht aus ihrer „Erweiterung" durch Mehrbesitz. Diese Ersatzhandlung ist zwar nicht allein auf die heutige Gesellschaft beschränkt, ist aber am stärksten ausgeprägt. Im eigenen Auto z.B. – in einem möglichst großen – fühlt man sich so, als befände man sich innerhalb der Grenzen seines eigenen Körpers und benimmt sich entsprechend ungeniert (was auf zufällige Beobachter oft sehr komisch wirken kann).

Auch wenn in unserer Gesellschaft die körperlichen Grenzen alles zu dominieren scheinen, stehen im Hintergrund doch die *geistigen Grenzen,* die letztlich entscheidend bleiben. Das Geistige schließt natürlich Jugend und Schönheit nicht aus, setzt diese aber nicht voraus. Man kann unterscheiden zwischen geistigen Grenzen, die *außerhalb* und solchen, die *innerhalb* des Individuums verlaufen. Jeder von uns ist schon einmal einer charismatischen Persönlichkeit begegnet, die mit einer gewissen geistigen Aura umgeben ist. Es ist dies eine besonders stark nach außen stark erweiterte Grenze des Geistes, welche durch hunderttausende anwesende Menschen gleichzeitig wahrgenommen werden kann. Aber auch wir „normalen" Menschen haben eine solche, wenn auch nicht so ausgeprägte, geistige Aura. Was bei menschlichen Kontakten eine so große Rolle spielt, ist ja nicht, wie die Augen aussehen, sondern, was sie ausstrahlen!

Und dann gibt es noch eine andere Art unsichtbarer Grenzen, welche innerhalb unseres Geistes verlaufen. Sie bestimmen unseren geistigen Horizont und prägen die Persönlichkeit des Individuums. Obwohl zwischen den individuellen *geistigen Grenzverläufen* unendlich viele Abstufungen möglich sind, können wir hier etwas vereinfacht zwischen drei Typen von Grenzen unterscheiden:

a) *Starrer geistiger Grenzverlauf:* Diese Grenzen erfassen nur einen mehr oder weniger engen Bereich an Möglichkeit. Alle andere Möglichkeiten, die ausserhalb dieser Grenzen liegen, werden nicht wahrgenommen, sondern ausgeblendet. Das ist beispielsweise der geistige Horizont fundamentalistisch denkender oder ideologisch fixierter Menschen.

b) *Das Fehlen oder der Mangel an geistiger Grenzen:* Das Individuum verzichtet auf eigene geistige Grenzen und „importiert" sie aus der Umwelt (Presse, Medien, Stammtisch). Diese Art von geistigem Horizont ist bei Menschen, die in Massen– und Konsumgesellschaften leben, häufig anzutreffen.

c) *Flexible geistige Grenzen:* Sie haben nicht, wie es im ersten Moment erscheinen mag, mit Opportunismus zu tun. Flexible geistige Grenzen setzen den Willen und die Fähigkeit eines Individuums voraus, seine geistigen Grenzen laufend zu überprüfen, zu korrigieren und zu erweitern, d.h. kritisch zu denken. Hier liegt, im Gegenteil zu a) und b) ein funktionierendes Zusammenspiel zwischen Grenze und Persönlichkeit vor, das zur Entfaltung beider führt. Im Gegensatz zu den materiellen Grenzen, ist die Erweiterung geistiger Grenzen keine Ersatzhandlung, sondern der natürlichste und wünschenswerteste menschliche Vorgang überhaupt.

**Zusammenfassung:**

Dank körperlicher und geistiger Grenzen des Individuums kann es seine Umwelt erkennen und kann es selbst von dieser wahrgenommen werden; sie sind Voraussetzungen seiner Existenz. Die körperlichen Grenzen des Individuums werden von der heutigen materialistischen Gesellschaft überbewertet. Entscheidend sind die geistigen Grenzen, welche die Persönlichkeit des Menschen bestimmen und ihn als Individuum prägen.

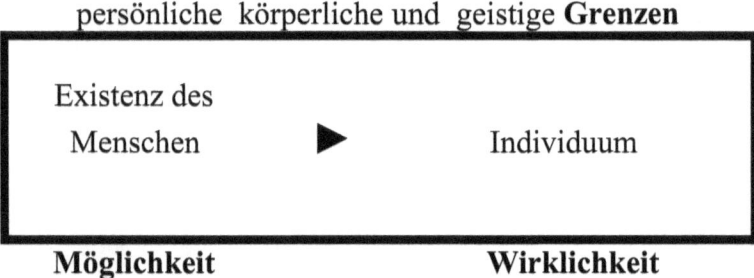

## 4.6 Soziale Grenzen des Individuums

Jedes Individuum ist von den Grenzen, welche die Gesellschaft ihm zuteilt, abhängig. Seine Identität wird ja nicht nur von seinen persönlichen Grenzen und von der persönlichen Biographie, sondern ganz besonders von seiner Rolle in der Gesellschaft bestimmt. Diese Abhängigkeit ist das Thema dieses Kapitels.

An Hand des erreichten technischen Entwicklungsstands kann man **fünf gesellschaftliche Stufen** unterscheiden
1. Urgesellschaft (Jäger und Sammler)
2. Nomadengesellschaft (Tierzucht)
3. Agrargesellschaft (Agrikultur)
4. Industriegesellschaft (Mechanisierung)
5. Informationsgesellschaft (Computerisierung)

Grenzen und Gesellschaft stehen in gegenseitiger Wechselwirkung. Grenzen beeinflussen die Entwicklung der Gesellschaft. Die Beschaffenheit der Grenzen aber hängt wiederum vom Entwicklungsstand der Gesellschaft ab [42]. Von der großen Zahl gesellschaftlich relevanter Grenzen möchte ich **zehn, meiner Meinung nach wichtigen Grenzen** hervorheben. Sie wurden alle durch den menschlichen Geist errichtet [43] :

---

[42] Wenn man über den Einfluss der Grenzen innerhalb einer Gesellschaft redet, muss man sich natürlich vor Auge halten, dass es sich hier um eine lange, auf mehrere hundert oder gar tausende von Jahren erstreckende Entwicklung handelt.

[43] Unter geistiger Grenze verstehe ich nicht nur Grenzen, die vom menschlichen Geist erschaffen wurden (z.B. juristische Gesetze), sondern auch solche, die zwar Ergebnisse der Natur sind, jedoch vom menschlichen Geist, aus subjektiven Gründen, zur Grenze erhoben

1. Ethnische Grenzen
2. Geschlechtsbedingte Grenzen
3. Sprachliche Grenzen
4. Kulturelle Grenzen (Traditionen)
5. Religiöse und moralische Grenzen (Werte)
6. Historische Grenzen (Sagen, Geschichte)
7. Soziale Grenzen (Macht, Besitz, Ansehen)
8. Grenzen der Geburt (Sippe, Aristokratie, Stand)
9. Juristische Grenzen (gesellschaftliche „Spielregeln")
10. Individuelle Grenzen (Staatsbürgerschaft, allgemeine Menschenrechte)

### 4.6.1 Urgesellschaft

Die Urgesellschaft (oder Sammler -und Jäggergesellschaft) ist homogen. Die Grenzen 1-5 gelten für alle Individuen gemeinsam. Da es keinen Besitz gibt, gibt es auch keine sozialen Grenzen. Wegen dem großen Einfluss des Kollektivs, aber auch durch die weitverbreitete Polyandrie (Vielmännerei) heben sich die Familiengrenzen noch unscharf von denjenigen der Gesellschaft ab, und sie haben noch keine wesentliche Bedeutung. Das Geschlecht des Menschen bestimmt zwar die ihm zugeteilten Aufgaben, es hat aber auf den gesellschaftlichen Stellenwert des Individuums noch keinen wesentlichen Einfluss. Ebenso fehlen noch die juristischen und individuellen Grenzen.

---

wurden (z.B. ethnische Grenzen). Demgegenüber existieren natürliche Grenzen (wie z.B. natürliche Ressourcen der Erde) objektiv, unabhängig vom menschlichen Geist.

In der Urgesellschaft ist die Identität des Individuums praktisch mit derjenigen der Gesellschaft identisch, und sie ist durch die ethnischen, sprachlichen, kulturellen und historischen Grenzen der Gesellschaft geprägt.

### 4.6.2 Nomadengesellschaft

Die wirtschafliche Grundlage der Nomadengesellschaft ist die Tierzucht. Der unterschiedliche Besitz an Tieren führt zu sozialen Unterschieden. Es entstehen dementsprechend vornehme Familien, mit den damit verbundenen Vorrechten. So ist diese Gesellschaftsform in Bezug auf die Grenzen 7 und 8 bereits heterogen. Auch werden die Rechte der Frauen gegenüber denen der Männer durch die Grenze 2 stark eingeschränkt. Andereseits bleiben aber die Grenzen 1, 3, 4, 5, und 6 nach wie vor homogen. Auch haben die juristischen Grenzen in der Gesellschaft noch nicht so ausgeprägte Trennwirkung, wie sie später im Stände- und Kastensystem der Feudalgesellschaft haben werden. Alles in allem bleiben die Grenzen zwischen Mitgliedern der Nomadengesellschaft, trotz der bereits klar erkennbaren Differenzierung, noch relativ niedrig: Ein Nomaden-Stammesfürst schläft auch in einem Zelt und reitet auf einem Kamel wie die einfachen Mitglieder seines Stammes. Die Nomadengesellschaft bleibt eine Schicksalsgemeinschaft von Menschen gleicher Interessen, mit stark integrierender Auswirkung auf ihre Mitglieder.

In der Nomadengesellschaft wird die Identität des Individuums immer noch durch die Gesellschaft geprägt. Doch neben der integrierenden Wirkung des gemeinsamen Schicksals, den identischen ethnischen, sprachlichen, kulturellen und historischen Grenzen, beginnen sich soziale Grenzen zu erheben, die dann, in der kommenden Feudalgesellschaft, diese gemeinsame Identität aufheben werden.

### 4.6.3 Agrargesellschaft

Einen grossen Fortschritt gegenüber der Tierzucht brachte der Menschheit vor ca. 5000 Jahren die Erfindung der Landwirtschaft und damit verbunden das Entstehen der Agrargesellschaft. Sie endete in Westeuropa und Nordamerika im 18. Jahrhundert, in zahlreichen Ländern der Erde besteht sie aber immer noch. Mit der Etabilierung der Landwirtschaft wurden Grenzen gezogen die die Besitzverhältnisse am Boden markierten und festhielten. Gleichzeitig entstanden dadurch neue soziale Grenzen, welche die Besitzenden von den Besitzlosen, trennten. Diese Grenzen haben sich im Verlauf der Jahrtausenden modifiziert. In der Sklavengesellschaft der Antike, wie etwa in Grichenland, verliefen sie zwischen Patriziern, resp. freien Bürgern als Grundbesitzer und mittellose Sklaven die die Arbeit verrichteten. Im Feudalsystem des Mittelalters hat eine adlige Oberschicht vom Herrscher den Boden als „Lehnsgut" (lateinisch *feudum*) erhalten, welcher durch Leibeigene, oder hörige Bauerschaft bearbeitet wurde. Die hirarchische Gliederung der Gesellschaft, und damit der Einfluß der Grenzen, erreicht im Feudalsystem seinen Höhepunkt. Die verschiedenen Stände (Kirche, Fürst, Adel, leibeigene Bauern und Handwerker) werden untereinander durch ein starres, unüberwindbares, „gottgewolltes" Netz von Grenzen getrennt. Das Schicksal des Individuums wird dadurch bestimmt in welche Stelle dieses Netzwerkes er, resp. seine Vorfahren, hineigeboren wurden. Parallel mit der Entstehung neuer sozialer Grenzen in der Agrargesellschaft gelingt es dem Menschen immer mehr, die Grenze „Weite des Raumes" zu überwinden (vgl. Kapitel 3.4). Dies führt im Mittelalter zu Völkerwanderungen und zunehmender Durchmischung der Völker. Als Folge werden in der Feudalgesellschaft die ethnischen und sprachlichen Grenzen durchlöchert. Dafür gewinnen aber andere Grenzen an Bedeutung: Während religiöse Grenzen bei den polytheistischen Religionen der Antike noch keine Rolle spielten — es herrschte weitgehende Toleranz gegenüber den Göttern anderer Völker-, wurden sie bei den monotheistischen Religionen Judentum, Christentum und Islam sehr wichtig. Der zunehmende Einfluss religiöser Grenzen führte zu Intoleranz und Fanatismus gegenüber Menschen ausserhalb dieser Grenzen, und mündete in der Ermordung hunderttausenden von Unschuldigen durch die Kreuzzüge und durch die Inquisition. Auch die politischen Grenzen haben in der Feudalgesellschaft eine grössere Auswirkung auf das Individuum, als in der vorhergehenden Nomadengesellschaft, weil das Schicksal leibeigener Bauern in vieler Hinsicht vom Fürsten, in dessen Herrschaftsgebiet sie lebten, abhing. Während der langen Periode der Agrar -resp. Feudalgesellschaft entstehen verschiedene Juristische Grenzen, welche das menschliche Zusammenleben regeln, die Pflichten der Menschen festlegen und die bestehenden sozialen Grenzen untermauern. Hingegen hatten Grenzen welche die politischen Rechte des einzelnen Individuums schützen, in den Feudalgesellschaft noch keine Relevanz.

Im Gegensatz zu früheren Gesellschaften trennen die Grenzen der Agrar –bzw. Feudalgesellschaft ihre Mitglieder voneinander. Das Individuum kann sich deshalb nicht mehr automatisch mit der Gesellschaft identifizieren. Andererseits kann es aber auch nicht seine eigene Identität frei wählen — die vorhandenen starren Grenzen hindern es daran. Die Identität des Individuums ist deshalb, nach meinem Empfinden, durch die verschiedenen von außen her ihm aufgedrückten „Stempel" (Stand, Religion, Sprache, Kulturelle Zugehörigkeit, usw.) bestimmt.

### 4.6.4 Industriegesellschaft [44]

Das Aufkommen der Industriegesellschaft ist in technischer Hinsicht, mit der Erfindung der Dampfmaschine 1765 durch James Watt, und politisch mit der Zeit der

---

[44] Im diesem Kapitel werde ich nur die kapitalistische Form der Industriegesellschaft berücksichtigen. Auf ihre sog. „sozialistische" Variante werde ich aus folgenden Gründen nicht eingehen. Die Idee der sozialistischen Gesselschaftsform beruht auf einer inzwischen durch die Geschichte widerlegten Hypothese von Marx und Engels. Nach diesen hätte die zunehmende Industrialisierung zu einer praktisch vollständigen „Verproletarisierung" der Gesellschaft führen müssen. Die so entstandene grosse Mehrheit der Proletaren hätten dann, gemäss Hypothese, von der kleinen Minderheit der Besitzenden die Produktionsmittel übernommen und eine sozialistische, gerechte Gesellschaft gegründet. Was jedoch in der Wirklichkeit geschah, war gerade das Umgekehrte. Im industriell unterentwickelten Russland, mit einem bedeutungslosen Proletariat, fand 1917 unter Führung von Lenin, ein Stattstreich statt, welches zur Gründung des ersten „sozialistischen" Staates, der Sovjetunion führte. Das System hatte mit ihrem Aushängeschild „sozialistisch" aber nichts zu tun. Es war weit entfernt von den Träumen von Marx und Engels. Es bestand und verbreitete sich nicht als Folge einer natürlichen und notwendigen Entwicklung, sondern einzig durch Terror und (militärische) Eroberungen. So fiel es notwendigerweise 74 Jahr später 1991, in sich zusammen. Und mit ihm verschwanden automatisch alle anderen „sozialistischen" Zwangsregime in Europa.

Aufklärung und mit der darauffolgenden Französischen Revolution 1789, verbunden. Ethnische und sprachliche Grenzen bleiben immer noch in der Gesellschaft verankert. Die sozialen Grenzen werden wesentlich lockerer und durchlässiger: Die auf Vererbung beruhenden Standesgrenzen werden durch Klassengrenzen abgelöst. Diese stützen sich lediglich auf Besitz und wirtschaftlichen Zwang, und sind nach dem Prinzip „vom Tellerwäscher zum Millionär", zumindest theoretisch, überwindbar. Nicht nur die Makrogrenzen, sondern auch die Mikrogrenzen der Gesellschaft werden gelockert. Als Folge der Industrialisierung geht zunächst die bisher noch wichtige Bedeutung der Grenze „Großfamilie" rapide zurück. Ihr folgt, mit zeitlicher Verzögerung, im 20.Jahrhundert, der allmähliche Zerfall der Grenze der Kleinfamilie und damit der Zerfall der Institution der Ehe. Im Durchschnitt wird heute jede dritte (in der städtischen Bevölkerung bereits jede zweite) Ehe geschieden.

Die Erosion der Grenzen erfaßt nicht nur die sozialen Grenzen. Sie wird auch auf religiöse und moralische Grenzen, Traditionen und Werte in der Gesellschaft ausgedehnt. Sie verschwinden dadurch noch nicht, werden aber zunehmend beliebig.
Die einzige Grenze, welche durch die Entfaltung der Industriegesellschaft verstärkt wurde, ist die Grenze „Individuum". Dank des Sieges der Französischen Revolution werden in der Gesellschaft neue, das Individuum schützende, Grenzen eingeführt. Die Rechte der Menschen werden definiert, gesetzlich garantiert und allmählich auch in die Praxis umgesetzt (z. B. die Emanzipation der Frauen). Die Grenzen zur vollwertigen Mitgliedschaft in der Gesellschaft („Staatsbürger" oder „citoyen"), werden im

Prinzip für jeden Menschen geöffnet. 150 Jahre später, 1948, wird von den Vereinigten Nationen für jeden einzelnen Menschen, unabhängig von Staatsbürgerschaft, Rasse und Religion, eine universelle Schutzgrenze, die „Allgemeine Erklärung der Menschenrechte", errichtet.

Die Grenzen der Feudalgesellschaft werden in der Industriegesellschaft zum Teil abgerissen, zum Teil abgeschwächt. Es entstehen neue, den Einzelmensch schützende Grenzen. Das Individuum wird durch die Grenzen in der Gesellschaft immer weniger determiniert und darf immer mehr seine Identität, d.h. seine eigenen Grenzen, wählen und bestimmen. Es zeigt sich aber, daß die meisten Menschen, mit der Freiheit, ihre Grenzen zu wählen, nichts anfangen können und dies gerne an andere delegieren. So wandelt sich die Industriegesellschaft in ihrer letzten Phase im 20. Jahrhundert zur Massen- und Konsumgesellschaft, deren Hauptaktivität im passiven Konsum materieller und geistiger Güter besteht.

### 4.6.5 Informationsgesellschaft

So wie die Erfindung der Dampfmaschine die Voraussetzung der Industriegesellschaft war, begann die Informationsgesellschaft mit der explosionsartigen Entwicklung und Verbreitung des Computers im letzten Viertel des 20. Jahrhunderts. Diese neueste Gesellschaftsform befindet sich heute noch in ihrer Entstehungsphase; über ihre zukünftigen Entwicklung kann man deshalb nur Vermutungen anstellen. Es scheint, daß der Zerfall der Grenzen in dieser Gesellschaftsform beschleunigt fortgesetzt wird. Dies könnte eines Tages in eine grenzenlose, globale Gesellschaft einmünden, in der die „klassischen" Grenzen (der Religion, der Tradition, der Werte, der Ethnie, der Sprache, der Ehe, der geschlechtlichen und sozialen Zugehörigkeit usw.) verschwinden oder bedeutungslos werden. Das Individuum könnte dann eines Tages isoliert, durch die allgegenwärtigen Medien kontrolliert und beeinflußt, völlig schutzlos da stehen. Es lebt zwar formalrechtlich, durch Verfassung und Gesetz garantiert, innerhalb perfekter Grenzen. Doch diese nutzen ihm nichts. Denn das Leben, und ganz besonders seine vom Bewußtsein kontrollierte Form, besteht aus der gegenseitigen Wechselwirkung von Grenzen, bei denen die eine die andere bedingt. Aber mit welchen Grenzen soll die Grenze des Individuums in einer grenzenlosen Gesellschaft wechselwirken? Scharlatane, Sektenführer und selbsternannte Propheten, die den Menschen falsche Grenzen für echtes Geld anbieten, leisten hier auf Dauer keine Abhilfe. Viel wahrscheinlicher ist, daß man in der Zukunft, damit die Gesellschaft überhaupt funktionieren kann, an Stelle der alten Grenzen neue „funktionelle" Grenzen errichten wird. Diese würden dann jeweils provisorisch, innerhalb der zur Lösung aktueller Probleme eingesetzten Gruppen, gelten. Der Ersatz der „klassischen" durch „funktionelle" Grenzen würde eine nie dagewesene Dynamisierung der Gesellschaft bewirken und gleichzeitig der bereits im Gang befindlichen geistigen Verarmung und Entfremdung des Individuums Vorschub leisten.

Eine solche grenzenlose Gesellschaft wäre, von der Urgesellschaft abgesehen, die „gerechteste" unter allen bisherigen Gesellschaften. Allerdings ist zu befürchten, daß der Mensch dabei seine „klassische" Identität, welche ja durch die „klassischen" Grenzen bedingt war, verlieren wird.

Hatten seine Vorfahren in der Feudalgesellschaft keine Freiheit, ihre Grenzen zu wählen, so hätte er jetzt dazu die Freiheit. Doch Grenzen, unter denen er wählen könnte, werden nicht mehr vorhanden sein.

**Zusammenfassung:**

Grenzen haben auf die Entwicklung der Gesellschaft und, damit verbunden, auf die Identität des Individuums entscheidenden Einfluß . Bei homogenen Gesellschaften, zu denen die Urgesellschaft und, mit gewisser Einschränkungen, die Nomadengesellschaft zu zählen sind, ist die Identität des Individuums mit derjenigen der Gesellschaft identisch. Bei heterogenen Gesellschaften, in denen die Mitglieder unter dem Einfluß unterschiedlichster Grenzen leben, wird die Identität des Individuums von der Beschaffenheit der Grenzen abhängig. Bei den starren Grenzen der Agrargesellschaft hat das Individuum keinen Einfluß auf seine Identität. Diese wird ihm von außen her aufgeprägt. In der Industriegesellschaft werden die Grenzen durchlässiger, beweglicher und humaner. Das Individuum erhält dadurch zunehmend die Möglichkeit seine Identität selbst zu beeinflussen. Die Informationsgesellschaft ist erst in ihrem Anfangsstadium. Wenn die gegenwärtige Entwicklung sich wie bisher in die Zukunft fortsetzen wird, ist es möglich, daß die bisherigen „klassischen" Grenzen in der Gesellschaft verschwinden werden, und damit auch die dadurch bedingte „klassische" Identität des Individuums.

**Grenzen** in den verschiedenen Gesellschaften

| | Identität des Individuums in der Gesellschaft |
|---|---|
| Entfaltung des Individuums in der Gesellschatt ▶ | • <u>Urgesellschaft</u>:<br>• Das Individuum fühlt sich mit der Gesellschaft identisch.<br>• <u>Nomadengesellschaft</u>: Das Individuum kann sich nur noch bedingt mit der Gesellschaft identisch fühlen.<br>• <u>Agrargesellschaft</u>: Die Identität des Individuums wird ihm von außen her aufgeprägt.<br>• <u>Industriegesellschaft</u>: Das Individuum kann zunehmend seine eigene Identität mitbestimmen.<br>• <u>Informationsgesellschaft</u>: Ersatz der „klassischen" Identität des Individuums durch eine provisorische„funktionelle" Identität? |
| **Möglichkeit** | **Wirklichkeit** |

## 5. Schlussbetrachtung: Grenzen und die heutige Krise der Menschheit

Vor jeder Wirklichkeit steht eine Möglichkeit. Das Universum bestand am Anfang, weniger als $10^{-40}$ Sekunden nach dem Urknall, nur aus Energie, d.h. aus einem Potential, was Möglichkeit oder Fähigkeit bedeutet.

Die „Möglichkeit" ist stets unbegrenzt [45]. Erst wenn die unbegrenzte Möglichkeit durch eine Grenze auf eine bestimmte Alternative eingeschränkt wird, entsteht daraus „Wirklichkeit".

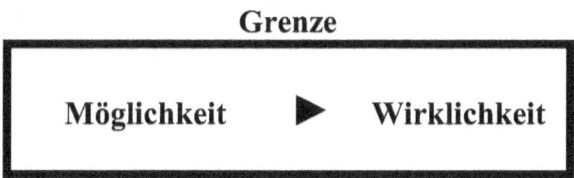

Die unendlich vielen Möglichkeiten vor 14 Milliarden Jahren bargen in sich unendlich viele Wirklichkeiten. Dadurch, daß bestimmte Grenzen gezogen wurden, entstand unsere Welt mit unserer Galaxie Milchstraße, unsere Sonne mit ihrem Planeten Erde, und auf diesem wir Menschen, als Wirklichkeiten.

---

[45] So wie jede Distanz, unabhängig von ihrer Länge, auf unendlich viele, noch kleinere Distanzen geteilt werden kann, eröffnet jede Situation, unabhängig wie sie geartet ist, unendlich viele neue Möglichkeiten.

Die Welt ist also im Grunde die Gesamtheit der verwirklichten Möglichkeiten. Sie entstand aus der Energie, durch Ziehung von Grenzen, im Verlauf der Evolution. Dabei stehen die Grenzen nicht, wie man zu glauben geneigt ist, am Schluss, sozusagen als „Finishing" der Wirklichkeit. Vielmehr sind sie, wie es die zahlreichen Beispiele in diesem Buch zeigten, schon in deren Anfang, als Voraussetzung, da!

In der Natur, bei der Evolution, werden Grenzen addiert. Die Gesamtheit der biologischen, chemischen und physikalischen Grenzen macht den Baum zu dem, was er ist. Und auch wenn die Grenze seines Stammes durch seinen letzten Jahresring bedingt ist, so bleibt doch der Baumstamm selbst das Ergebnis aller seiner Jahresringe!

Auch der menschliche Geist ist bei seiner Entfaltung auf Grenzen angewiesen. Er kann bei der Aufstellung von Grenzen entweder bewußtseinsbedingt (ohne direkten Bezug auf die physikalische Umwelt) oder erfahrungsbedingt (unter Bezug auf die physikalische Umwelt) vorgehen.

Der **bewußtseinsbedingte Weg** ist wesentlich älter als der andere. Er führte im Verlauf von Jahrhunderttausenden allmählich zu den humanen geistigen Grenzen, zu den Grenzen der Religion, der Kunst oder der Gesellschaft [46]. Hier werden beim Aufstellen von neuen Grenzen die bisherigen (seien sie von der Natur oder vom menschlichen

---

[46] Streng genommen trat der eigentliche Umschwung in der geistigen Entwicklung des Menschen erst vor ca. 50'000 Jahren auf und führte zum Entstehen von Religion, Kunst und Kultur.

Geist errichtet) nicht zerstört. Wenn der menschliche Geist mit Hilfe der religiösen Grenzen die Naturgrenze „Endlichkeit der Zeit" überwindet, dann geschieht das in unserem Bewußtsein und nicht auf der physikalisch/biologischen Ebene. Das gleiche gilt bei der Auflösung von Grenzen innerhalb der Religionen: Alte Gesetze und Sitten, welche früher die Grenzen religiösen Empfindens und Handelns bestimmten, verschwinden nicht, wenn sie durch neue Grenzen ersetzt werden, sondern leben durch viele symbolische Handlungen weiter. Ebenso ist es bei anderen „humanen" Grenzen: Der Bestand eines Kunstmuseums setzt sich nicht nur aus den im zeitgenössischen Stil (Grenzen) gemalten Bildern, sondern aus Werken aller früheren Stilrichtungen zusammen.

Der andere, der **erfahrungsbedingte Weg** des menschlichen Geistes ist jener der Naturwissenschaften. Er entstand erst im 16. Jahrhundert in Europa. Hier gelten stets nur die neuen Grenzen – die überschrittenen Grenzen werden abgerissen und fallen der Geschichte anheim. So sind zum Beispiel die Grenzen der Welt, nach der heute gültigen Urknall-Hypothese, die Folgen einer vor ca. 14 Milliarden Jahren erfolgten Explosion, und sie sind dementsprechend expandierend. Andere Theorien, wie die erst vor 55 Jahren aufgestellte „Steady-State-Theorie", wonach diese Grenzen gleichbleibend sind, wurden inzwischen Geschichte und haben auf die Arbeit der heutigen Astrophysiker keinen Einfluß mehr. So entsteht in den Naturwissenschaften Fortschritt.

Bei seiner Offensive gegen die Grenzen der Natur, bekam der menschliche Geist eigentlich erst mit der „Erfindung" des erfahrungsbedingten naturwissenschaftlichen Vorgehens ein wirksames Instrument in die Hand. Es gelang ihm jetzt innerhalb von wenigen hundert Jahren, was vorher in hunderttausenden Jahren nicht möglich war: Die Grenzen der Natur einzunehmen. So wurden Grenzen wie „Beständigkeit der Materie", „Weite des Raums" bereits niedergerissen, und der Großangriff auf die Grenze der „vererbte biologische Merkmale" wurde bereits gestartet. Doch die großen Triumphe der Naturwissenschaften über die Grenzen der Natur erwiesen sich im Nachhinein als Pyrrhussiege. Sie brachten der Menschheit, trotz der erzielten zivilisatorischen Vorteile, große Probleme und Gefahren. Die Naturwissenschaften übten nicht nur auf die Grenzen der Natur, sondern als unumstrittene Autoritäten unserer Zeit auch auf die humanen Grenzen des menschlichen Geistes einen großen Einfluß aus. Ungeachtet der Tatsache, daß sie sich ausschließlich nur mit Phänomenen von Materie/Energie beschäftigen und zu Gefühlen, Werten und überhaupt zu allem, was das Menschliche ausmacht, keinen Zugang haben, gelten sie dennoch als Maß aller Dinge. Alles Geistige wird an diesem Maß gemessen und wird nicht erst, wenn es mit diesem im Widerspruch steht, sondern bereits schon, wenn es durch jenes nicht bestätigt werden kann, verworfen oder abgewertet [47]. Ohne Grenzen gibt es aber keine Wirklichkeit. Die Folge ist eine zerstörerische Entwicklung, welche sich selbst katalysiert. Je mehr Grenzen gefallen sind, desto schneller und umfassender wird der Zerfallsprozess, welcher inzwischen alle geistigen Grenzen der Menschheit erfaßt hat :

---

[47] Die Verblendung des menschlichen Geistes gegenüber seinen eigenen Werken ist nicht nur auf die Naturwissenschaften beschränkt. Er vergöttert den Computer, sein eigenes Werk, wie ein modernes „goldenes Kalb" und degradiert sich selbst, als Zeichen seiner Huldigung an ihn, ebenfalls zum Computer.

Die Grenzen der *Religion*, die dem Dasein des Menschen einen Sinn geben und die Überwindung des Todes garantieren, sind heute bereits eingestürzt.

Auch die Grenzen in der *Kunst,* und damit (im klassischen Sinn) der Kunst selbst, sind im Begriff zu verschwinden.

Die Grenzen der *Kultur und Tradition* der einzelnen Völker verlieren mit der unaufhaltsamen Technisierung und Globalisierung zunehmend ihre Bedeutung und werden bald nur noch künstlich, als Touristenattraktion, aufrechterhalten werden.

Auch innerhalb der *Gesellschaft* fallen die „klassischen" Grenzen. Das *Individuum* wird zwar immer freier, verliert aber damit jedes Zugehörigkeitsgefühl und seine durch die Gesellschaft bedingte Identität.

Die gesellschaftliche Entwicklung drückt ihren Stempel auch der *Erziehung* der neuen Generation auf, so daß das Fehlen von Grenzen zu zunehmender Orientierungslosigkeit und Aggressivität der Jugend herbeiführt.

Die zu erwartende baldige Überschreitung der Grenzen der *natürlichen Ressourcen* der Erde bedroht die gesamte menschliche Zivilisation.

Durch die Überschreitung der Grenze *Beständigkeit der Materie* entstand die Wasserstoffbombe, welche, einmal in unverantwortliche Händen geraten, die Menschheit zu vernichten droht.

Nicht minder gefährlich wird es werden, wenn auch die natürlichen Grenzen der *vererbten biologischen Merkmale* fallen und der menschliche Geist seinen eigenen Schöpfer spielt.

So sägt der menschliche Geist den Ast, welcher ihn trägt, selbst ab. Er verliert den Glauben an alle Werte, die er geschaffen hat und blickt in den sich öffneden Abgrund des Nichts. Er steht vor diesem Abgrund nicht nur im psychischem Sinn − ohne Werte, ohne Sinn, ohne kulturelle und gesellschaftliche Bindungen -, sondern auch rein physisch. Bedroht durch das näherrückende Ende der Rohstoffreserven, durch die Wasserstoffbombe und durch die unausdenklichen Folgen eines möglichen Mißbrauchs oder Fehlers bei der Gentechnologie.

Es stellt sich hier nun die Frage, ob und wie sich der menschliche Geist aus dieser kritischen Situation befreien kann. Daß viele Folgen dieser Entwicklung nicht mehr ungeschehen gemacht werden können, ist ein Tatsache. Wir können das Wissen um die Wasserstoffbombe nicht mehr aus der Welt schaffen oder aus der modernen globalen Massengesellschaft mit all ihren Problemen einfach entfliehen. Doch alle menschlichen Probleme sind letzten Endes Probleme des menschlichen Bewußtseins − und auf das sollten wir, zumindest theoretisch, einen Einfluß haben. Die Lösung eines Problems setzt aber die Kenntnis seiner Ursachen voraus.

Somit ergeben sich aus den Ergebnissen der hier vorliegenden Arbeit die folgende Zusammenhänge:

Die heutige geistige Krise der Menschheit ist eine Krise der Grenzen. Sie wurde nicht dadurch hervorgerufen, daß der menschliche Geist alte Grenzen überschritten hat. Dies ist ja bei jeder evolutionären Entwicklung unvermeidlich. Der menschliche Geist steht heute deshalb vor dem Nichts, weil er Grenzen abreißt, ohne sie ersetzen zu können (z.B. die Grenzen der Natur) oder zu wollen (bei den geistigen Grenzen). Er glaubt, daß er heute der Grenzen nicht mehr bedürfe, und daß er diese deshalb auch nicht mehr zu respektieren braucht. Er übersieht dabei, daß es ohne Grenzen – auch für ihn selbst – keine Wirklichkeit geben kann.
Schuld an dieser Entwicklung sind weder die Naturwissenschaften noch die Technik. Sie sind lediglich Instrumente des menschlichen Geistes. Je nach dem wie der menschliche Geist ihnen Grenzen setzt, können sie ihm Segen oder Fluch bringen. Ich glaube daher, daß nur dann, wenn der menschliche Geist wieder lernt, auf Grenzen zu achten und diese dort, wo sie nötig sind, zu errichten, kann er die bestehende Krise bewältigen. Dabei sollte, meiner Meinung nach, die Errichtung **folgender drei Grenzen** Priorität haben:

(1) Die moderne Industriegesellschaft verbraucht wesentlich mehr Energie als die vorindustriellen Gesellschaften. Es wäre aber falsch, wenn wir den Mehrverbrauch an Energie von vornherein negativ bewerten würden. Wir wissen ja, daß alles aus Energie besteht und jeder Prozeß der Energie bedarf. Selbst das Geistige, wenn auch nicht direkt, ist mit Energieverbrauch gekop-

pelt[48]. Daher wird der Energiebedarf einer Gesellschaft umso größer je kreativer und innovativer sie ist. Die Lösung des Problems „Hunger in der Welt" ist letzten Endes auch eine Frage des Energieverbrauchs. An sich wäre also der Mehrverbrauch an Energie positiv und ein erstrebenswertes Ziel. Daß es sich in unserer Zeit umgekehrt verhält, liegt daran, daß die Ressourcen an irdischer Energie, insbesondere an Erdgas und Erdöl, stark begrenzt sind (vgl. Kap. 3.5). Damit die positiven Errungenschaften der zivilisierten Gesellschaft fortbestehen und auf die ganze Menschheit ausgedehnt werden können, müßte der menschliche Geist die bestehenden engen Grenzen der fossilen Energieressourcen durch die *unendlich viel weitere Grenze der Sonnenenergie* ersetzen.

2) Der menschliche Geist ist ein Teil der gesamten Wirklichkeit und braucht als solcher Grenzen, um zu bestehen. Diese Grenzen müssen aber von geistiger Natur sein. Der Glaube unserer Konsumgesellschaft, daß geistige Grenzen durch Materielles ersetzt werden können, erwies sich als verhängnisvoller Irrtum. Glaube und Werte, die wichtigsten geistigen Grenzen jeder menschlichen Gesellschaft, sind nicht von materieller Natur Sie liegen außerhalb des Wirkungsfelds der Naturwissenschaften oder des logischen Denkens. So gilt z.B. bei jeder menschlichen Gesellschaft, die das Prädikat „menschlich" verdient, das Prinzip: „Hilf dem Schwachen!". Dieses Prinzip kommt weder in der Natur vor, noch ist es logisch. Es gründet sich ledig-

---

[48] Wenn auch der menschliche Geist unabhängig von Materie/Energie ist, so hat das Gehirn, das ihm zu Grunde liegt, einen hohen Energiebedarf.

lich auf unsere Gefühle, die ihren Ursprung wiederum in den Geboten der Religionen haben. Deshalb müßte der menschliche Geist versuchen, *zeitgemäße Grenzen für die Religionen* aufzustellen, welche die veralteten, von den Naturwissenschaften eingestürzten Grenzen ersetzen sollten. So würde der Mensch seinen Glauben an den Sinn des Daseins wiederfinden und sich von der quälenden Einsamkeit und Isoliertheit befreien. Er wäre wieder fähig, Werte anzuerkennen und sich danach zu richten. Damit wäre zwar die atomare und biologische Bedrohung der Menschheit nicht abgewendet, wohl aber verringert. Denn es gelten hier die Worte Dostojewskis: „Wenn es keinen G'tt gibt, ist alles erlaubt". Und das ist heute der Fall, wenn als einziger Maßstab menschlichen Handelns der Erfolg gilt.

3) Bei seinen beinahe grenzenlosen Fähigkeiten und mit den damit verbundenen grenzenlosen Gefahren darf der menschliche Geist heute nicht mehr alle seine Möglichkeiten automatisch zu Wirklichkeit werden lassen. Er muß versuchen, die bereits von ihm verschuldete Bedrohung, wie z.B. die der Wasserstoffbombe, zu minimieren und gleichzeitig die neuen potentiellen Gefahren von vornherein zu unterbinden. *Zum ersten Mal in seiner Millionen Jahre alten Geschichte muß der menschliche* Geist *sich selbst eine Grenze ziehen,* die er, wenn er langfristig überleben will, nicht überschreiten darf [48].

---

[48] Vermutlich müsste eine solche Grenze aus der üblichen Kombination von Gesetz, Kontrolle und Strafandrohung bestehen. Sie sollte jedoch, damit sie ihre Aufgabe wirklich erfüllen kann, der bestehenden Bedrohung adäquat sein, global in allen Ländern der Erde gelten und Übertretungen dieser Art nicht mehr als kleine

Er kann sich dabei an der Evolution, deren Teil er ist, ein Beispiel nehmen. Diese hat ihre großen Erfolge, der ja auch wir Menschen unsere Existenz verdanken, nur deshalb erzielt, weil sie nicht alle Möglichkeiten, die ihr zur Verfügung standen, zu Wirklichkeit werden ließ.

Die Stärke des menschlichen Geistes besteht in seiner Fähigkeit, Grenzen zu überschreiten, seine Freiheit aber aus der Möglichkeit, es dennoch zu lassen. Der menschliche Geist braucht heute beides, Stärke und Freiheit, um dem drohenden Nichts zu entkommen.

---

„Vergehen", sondern als Verbrechen gegen die Menschheit behandeln.

www.ingramcontent.com/pod-product-compliance
Lightning Source LLC
Chambersburg PA
CBHW030444300426
44112CB00009B/1160